高校英语翻转课堂
教学模式建构与应用研究

赵 鲲◎著

图书在版编目（CIP）数据

高校英语翻转课堂教学模式建构与应用研究 / 赵鲲著. -- 长春：吉林出版集团股份有限公司，2023.11
ISBN 978-7-5731-4447-8

Ⅰ.①高… Ⅱ.①赵… Ⅲ.①英语－课堂教学－教学研究－高等学校 Ⅳ.①H319.3

中国国家版本馆CIP数据核字（2023）第212919号

GAOXIAO YINGYU FANZHUAN KETANG JIAOXUE MOSHI JIANGOU YU YINGYONG YANJIU

高校英语翻转课堂教学模式建构与应用研究

著　　者	赵　鲲
责任编辑	杨　爽
装帧设计	马静静

出　　版	吉林出版集团股份有限公司
发　　行	吉林出版集团社科图书有限公司
地　　址	吉林省长春市南关区福祉大路5788号　邮编：130118
印　　刷	北京亚吉飞数码科技有限公司
电　　话	0431-81629711（总编办）
抖 音 号	吉林出版集团社科图书有限公司　37009026326

开　　本	710 mm×1000 mm　1 / 16
印　　张	14.75
字　　数	234 千字
版　　次	2024 年 5 月第 1 版
印　　次	2024 年 5 月第 1 次印刷

书　　号	ISBN 978-7-5731-4447-8
定　　价	86.00 元

如有印装质量问题，请与市场营销中心联系调换。0431-81629729

前言

21世纪是信息化的时代,信息技术给世界带来前所未有的巨大变化。教育界必须顺应这一历史潮流,以教育信息化带动教育现代化,加快推进教育改革的步伐,这样才能在日益激烈的国际竞争中保持人才优势。作为一种新型教学模式的创新改革,翻转课堂以信息化时代为背景,以信息技术为载体,给传统教育观念带来了巨大冲击,给传统课堂教学带来了翻转变革,也给教育的发展带来了新的契机与活力。翻转课堂的产生源于信息化社会的到来,新事物的产生往往会带来进步和活力,但也可能产生偏差。在其实施落地过程中更会产生各种各样的问题。但我们不能因此否认变革的必要性,而是要认清其变革的本质,这样才能在实践中少走弯路,真正满足个性化学习的需要,解决课堂教学的现实困境,使"教"与"学"形成最大合力,发挥最大效益。在教学实践方面,我们既要秉持翻转课堂的理念,同时更要进一步加强本土化理念,使之与我国教育特点和发展阶段相契合,把这一教学模式的改革创新落到实处。鉴于此背景,作者在参阅相关著作文献的基础上,精心撰写了本书。

本书共有七章。第一章作为全书开篇,首先分析了教育信息化与网络教学、高校英语教学理论阐释、移动网络辅助高校英语教学,为下文的展开做好铺垫。第二章结合本书主题,主要探讨了翻转课堂教学模式的理论,如翻转课堂教学模式的背景、理论、翻转课堂与传统课堂的碰撞，以及翻转课堂应用于高校英语教学的意义与对策。在上述章节内容的基础上，第三章探讨了翻转课堂在高校英语教学中的应用，重点对翻转课堂在高校英语词汇、语法、听说、读写、翻译、文化教学中的应用进行了深入剖析。第四章主要分析了翻转课堂模式下高校学生英语学习的问题及对策。第五章与第六章主要探索了翻转课堂模式下高校英语教师的能力与素质提升、教学评价的多元化发展。第七章为本书的最后一章，研究了翻转课堂模式下高校英语教学的创新趋势，如基于翻转课堂的高校英语课程思政教学、生态教学、ESP教学等。

翻转课堂作为国际化创新型教学模式，与传统教学相比，有其独特优势。引进翻转课堂并将其应用于我国高校英语教学实践，可以有效突破当前高校英语教学发展的困境，为我国大学生的英语学习提供较大便利，从本质上实现高校英语教学的深化改革，全方位地提高我国高校英语教学水平和大学生的英语综合运用能力。

整体而言，本书体现了以下特色：

首先，具有系统性。高校英语教学中包含词汇、语法两大语言知识与听、说、读、写、译五项技能，还包含学习方式、教师、评价等要素。以上内容本书都有所涉及，这体现了高校英语教学的完整性。

其次，具有实用性。本书基于翻转课堂这一视角来探讨高校英语教学，为学生以后的工作与交流服务，具有较高的实用性价值。

本书在撰写的过程中参阅了大量有关翻转课堂与英语教学的书籍、期刊和文献，同时为了保证论述的全面性与合理性，本书也引用了许多专家、学者的观点。在此，谨向以上相关作者表示最诚挚的谢意，并将相关参考文献列于书后，如有遗漏，敬请谅解。由于作者水平有限，加之时间匆促，书中如有不足之处实所难免，恳请同行专家和读者不吝指正。

作者

2023年7月

目录

第一章 绪 论   1

    第一节 教育信息化与网络教学   2
    第二节 高校英语教学理论阐释   12
    第三节 移动网络辅助高校英语教学   19

第二章 翻转课堂教学模式理论概述   29

    第一节 翻转课堂产生的背景   30
    第二节 翻转课堂教学模式理论阐释   35
    第三节 翻转课堂与传统课堂的碰撞   40
    第四节 翻转课堂应用于高校英语教学的意义与对策   48

第三章 翻转课堂在高校英语教学中的应用探索   53

    第一节 翻转课堂在高校英语词汇教学中的应用   54
    第二节 翻转课堂在高校英语语法教学中的应用   57
    第三节 翻转课堂在高校英语听说教学中的应用   65

第四节　翻转课堂在高校英语读写教学中的应用　　76
　　第五节　翻转课堂在高校英语翻译教学中的应用　　94
　　第六节　翻转课堂在高校英语文化教学中的应用　　100

第四章　翻转课堂模式下高校学生英语学习的问题及对策　　105

　　第一节　高校学生英语学习的问题　　106
　　第二节　高校学生英语学习问题的内外调适对策　　115
　　第三节　翻转课堂模式下高校学生英语学习能力的提升　　149

第五章　翻转课堂模式下高校英语教师的能力与素质提升　　159

　　第一节　高校英语教师的专业素质与能力　　160
　　第二节　高校英语教师的专业发展　　167
　　第三节　高校英语教师翻转课堂教学能力提升的路径　　171

第六章　翻转课堂模式下高校英语教学评价的多元化发展　　173

　　第一节　高校英语教学评价简述　　174
　　第二节　高校英语教学评价的意义与原则　　184
　　第三节　高校英语翻转课堂教学评价的多元化手段　　187

第七章　翻转课堂模式下高校英语教学的创新趋势　　203

　　第一节　基于翻转课堂的高校英语课程思政教学　　204
　　第二节　基于翻转课堂的高校英语生态教学　　211
　　第三节　基于翻转课堂的高校英语ESP教学　　214

参考文献　　221

第一章

绪　论

根据国家教育部门对高校英语做出的基本要求，高校英语教学的主要目的是培养学生日常英语交流和英语综合运用的能力。就目前形势看来，现阶段我国很多高校的英语教学并没有达到此标准，甚至在一定程度上还出现了停滞不前的现象。在课程改革大环境下，我国现有的教学模式未能适应改革的需求。所以，在现有的教学条件下，我们对高校英语教学提出了新的管理要求，教学模式必须做出改革和创新，让学生可以在自己当下的网络环境中取得良好的学习效果，在自己愿意接受的教学环境下进行学习。

第一节　教育信息化与网络教学

一、教育信息化

（一）信息化时代的特征

信息技术是现代科技的重要组成部分，并从20世纪80年代开始就给人类的生活方式带来了巨大的影响。我国还未进入完全的工业化时代，但已经迎来了信息化时代，这也是我国现代化发展的重要成果。信息技术进入人们的生活，使人际往来的时空限制被打破，全球各国、各民族、各地区都因为信息技术的出现而联系得越来越便捷、紧密，也正因为信息技术的出现，全球人民共建"地球村"的美好愿景一步步实现。

全球各国借助信息化手段而相互联系、友好往来，各种不同的价值理念、民族文化相互交流、融合。可见，信息技术产生与发展的意义不是简单地停留在传播工具的更替和现代传媒的快捷上，而是成为人类对网络社会加以构筑的重要基础，它改变了人们的价值观念，也使得人类的思维方式和生活方式都发生了重大的改变。20世纪60年代是"信息化"概念最早出现的时间，当时由日本科技研究人员提出"Johoka"一词，该词被解释为信息化。最初提出信息化时，人们将其理解为信息产业化，而社会信息化被视作信息产业化的目标。日本学者后来又对"信息化"的含义做了详细的解释，并指出构建社会信息化的宏伟目标，而只有当信息产业在社会中居于支配地位并产生巨大的社会影响力时，才算真正进入了信息社会。后来有关学者深入研究了信息化的相关概念，如信息革命、信息社会等，这些研究提高了人们对信息化的认识，并对进一步研究信息化概念具有重要的启示意义。

概括来说，信息化时代的特征主要包括以下几点：

1. 信息传播数量多

全球化时代的到来使得知识、信息的传播不仅数量多而且速度快，进入信息化时代后，信息数量变得更多，信息的爆炸与饱和已经成为人们必须面对的客观现实。在信息大量传播中，人们从多个视角理解信息，从而促进了人类价值观念、思维方式的多元化。

2. 信息传播速度更快

信息化时代背景下，信息传播速度飞快，而信息的飞速传播使得全世界的重要新闻在第一时间被各国人民知晓，人类进入了信息全球化时代。世界各国、各民族的信息在全球范围内加速传播，各种各样的信息在人类共建的"地球村"相互整合、交汇，被世界各地的人传播、分享、评价。人类是生产信息的主体，也是接收和消费信息的受众。人类传播信息、进行信息交流与互动的速度越来越快，大众传播媒体使人们能够快速掌握世界各地的信息，计算机网络的出现为人们的远程交流与互动提供了良好的平台，人类的时空距离正在被消除。

3. 人类生存空间呈现网络化

人类的时空距离因为信息技术的出现而不断缩小，网络的出现使得人们的地理距离限制被打破，人们可以随时随地进行远程交流。网络已经成为人们生活中不可缺少的一部分，人类的生存生活空间因网络的出现而得到了拓展。

4. 人类的交往方式多元化、交往空间扩大化

当前，世界经济格局、经济增长方式因信息技术的发展而彻底发生了改变。网络经济社会正是因为信息技术革命才形成的。人类的交往方式受到了信息化的重要影响。信息技术的革新使人与人之间进行着越来越便捷的交往，基于信息技术而形成的交往方式比传统的交往方式更多元化、高效化。信息技术的发展也促进了很多社交软件的产生，这些社交软件有很大的自由性与即时性，人们时时刻刻都能在第一时间将自己的最新动态分享在平台上。

全球化、电子化、智能化、非群体化等是信息化的重要属性，正因为如此，全球性、虚拟性、开放性和交互性等成为人们在信息化时代进行交往的典型特点，人际交往空间也因此而一步步扩大。

（二）教育信息化的内涵

信息化给教育带来的影响可以说是革命性的。一个国家教育现代化发展水平是由教育信息化水平所决定的。教育信息化的重要性已经得到了全世界的认可和关注，教育现代化发展离不开教育信息化的推动，教育信息化的革命是全球性的，这场革命在世界各国被点燃，如火如荼，声势浩大。教育信息化对教育的影响遍及学校教育、家庭教育、社会教育等各个教育领域，对高等教育的影响尤为明显。因此，对教育信息化进行研究具有重要意义。下面从几个方面来理解教育信息化的内涵：

（1）教育信息化发展的最终目的是促进教育现代化。

（2）教育信息化的应用与推广主要面向教育教学、教育科研和教育管理等各大教育领域。

（3）教育信息化在教育教学、教育科研和教育管理等领域中的应用与推广包括信息与信息技术两大方面。

（4）教育信息化强调在整个教育领域应用与推广信息、信息技术的同时，必须以教学领域为重点。

（5）现代信息技术的不断发展是教育信息化前进的内驱力。

（6）教育信息化是动态发展的，而非一蹴而就的。

二、网络教学

（一）网络对教育的支持

网络在社会各个领域的应用越来越广泛、频繁。教育领域中也越来越注重对网络技术的运用，如计算机教学手段在课堂教学中发挥着重要的辅助教学作用，网络教学模式和多媒体教学模式被构建与实施，这都是网络技术发展给现代教育带来的积极影响，充分体现了网络技术在很大程度上支持甚至是支撑着教育的发展。网络技术支持教育主要从计算机技术在教育领域的运用中体现出来。下面从三个方面来说明网络技术对教育的重要意义。

1. 提高教学效率

当前，有很多网络教育软件成为学校教育教学的重要辅助工具，这些软件的设计与发行有些价格和普通的书籍差不多，但是在相同教育成本的前提下网络教育却可以使教学效率大大提高。另外，校园网在学校教育教学中也发挥着重要的作用，为学校教学管理带来了便利。

2. 创造良好的教学环境

计算机技术的应用为学校教育教学创造了生动有趣的教学环境，吸引了学生的注意力，提高了师生的教学热情与积极性，改变了枯燥的教学氛围，提高了教学效果。动画、录像、图像等基于计算机软件而设计的教学资源对传播信息具有重要的作用，也为教学中的师生互动提供了便利。

3. 丰富教学方式

现代教育技术如多媒体、计算机以及网络的运用极大地丰富了教学方式，提高了教学信息的传播速度，也使教师与学生处理信息的能力和效率得到了提升。

综上分析，网络技术给教育带来了非常重要的积极影响，不仅使学校教育方式发生了显著的变化，也使学生的学习方式越来越丰富、多元，而且还深刻影响了现代教育理念、教育方法以及教育模式。我们要抓住网络时代的重要机遇,利用网络技术提供的便利开展好教育事业,早日实现教育强国的宏伟目标。

(二)网络与课程的整合

1. 网络与课程整合的特征

网络技术与课程的整合已经被证明是非常有效的一个促进教学发展的手段,这一手段的特征主要表现为网络化、数字化、多媒体化、人本化和智能化等几个方面。在这几个方面,与传统的教学手段相比,其表现出明显的优势。

(1)网络化特征

如今整个社会已进入一个网络化信息社会,网络对人们的影响可谓无处不在。以计算机网络技术为支撑,各种设备及资源得到了高度的整合,以往传统的教学从封闭走向了开放,这极大地促进了教学的发展和进步。网络技术与课程整合有助于人们实现网上学习。

(2)数字化特征

数字化是网络技术与课程整合的一个重要特征。如今,数字化技术在各文化课学习中得到了充分的利用。在课堂上,尤其是理论课上,教师可以充分利用多媒体技术进行视频教学,在各种视频技术的利用下,能很好地激发学生学习的兴趣,从而提高教学的效率,促进教学的发展。

(3)多媒体化特征

多媒体化也是网络技术与课程整合的一个重要特征。在这一新式的教学手段下,各种教学资源都能得到充分的整合与利用。通过网络技术,课程教学中能充分运用到图形、影像、声音、动画等各种手段,实现虚拟现实的作用,对学生的视觉、听觉、触觉等感觉都形成一定的刺激,这对于学生知识和技能的获取具有非常大的帮助,这是传统教学手段所不具备的。在多媒体网络技术下,开展教学活动能提高教学效率,促进教学质量的发展。具体而言,网络技术与课程整合的多媒体化特点主要表现在以下几个方面:

①大量的心理学理论研究表明,多重感官同时感知的学习效果要优于单

一感官感知的学习效果。[①]

②一般来说，现代多媒体技术的传输信息量大、速度非常快。利用多媒体系统的声音与图像压缩技术能有效地记录、重现大量的语音、图形、图像乃至活动画面信息，在以往的技术条件下是难以实现这一效果的。

③多媒体化下的技术手段信息传输质量较高，应用范围也比较广泛。由于多媒体系统的各种技术处理都是数字化的，通过数字化技术的处理，能再现、还原各种教学场景，这对于学生掌握复杂的知识具有非常大的帮助。

④多媒体化教学通常使用方便、易于操作。整个教学系统主要以鼠标、触摸屏、声音选择输入为主，辅以键盘输入，操作比较直观，为教师教学提供了良好的辅助。

（4）人本化特征

人在社会发展中作为重要的因素，对于整个社会的发展起着十分重要的作用。教育的根本理念是培养学生独立的人格，提升学生的创造力，一切教学活动都要围绕学生开展，这就是人本化特征。在利用网络技术教学的过程中，教师要努力营造一个和谐民主的教学环境，要以学生为中心开展教学活动，注重激发学生学习的积极性。

随着时代的不断发展，各种网络技术手段得到了充分的利用，教学的数字化、媒体化能有效地增强学生学习的效果，提高学生学习的效率。另外，现代网络技术手段的利用促使学生能够自主学习，从而获得发展和进步。各种网络技术的运用使得教学资源得到了共享，人机交流更加密切，信息反馈更加及时和有效。学生可以依据自身的具体实际自由选择感兴趣的内容，真正做到"因人施教"。由此可见，网络技术与课程的整合能充分发挥学生的个性与潜能，推动其进一步发展。

总之，在教学中，营造一个浓厚的教学人文环境是非常重要的。一般来说，一个良好的人文环境主要包括现代教育思想、现代教育理念、教育技术政策与法规、学习风气与氛围等几个部分。要想加强网络技术与课程的整

[①] 胡瑾.现代中国英语教育环境引论[M].长沙：湖南人民出版社，2007.

合，没有良好的现代教育人文环境氛围是难以完成的，在构建这一环境的过程中一定要注重人的作用的发挥，遵循人本主义的基本原则，努力实现发展的目标。①

（5）智能化特征

各种高科技手段都具有一定的智能化特征，网络技术也具有这方面的特征。如今各种教学设备和软件等都具有一定的智能性，通过各种先进的网络技术的运用，学生与教师也能探索出具有先进性的学习模式。例如，最新的智能辅助教学系统对于学生的学习能力、认知特点和当前知识水平等都有一个很好的把握，对学生的学习具有良好的帮助和指导。因此，网络技术的智能化特征对于教学质量的提高具有重要的意义和作用。

2. 网络技术与课程整合的理论依据

网络技术与课程的整合并不是盲目的，而是建立在一定的理论依据之上的，这些理论主要包括教育学理论、多元智能理论、系统理论等。

（1）教育学理论

①教学过程最优化理论。在整个教育学理论体系中，教学过程最优化理论占据着非常重要的地位。这一理论起源于20世纪70年代初期，它是由苏联教育家巴班斯基提出来的，这一理论一经提出就引起了当时教育界的强烈反响，发展至今仍然发挥着重要的作用。

在教学系统中，教学过程是极为关键的程序与内容，教学质量与效果的取得在很大程度上取决于教学过程的最优化。教学过程"最优化"的内涵突出表现在以下几个方面：

第一，遵循教学的基本规律与原则。

第二，充分考虑教学环境与条件。

第三，制订与选择合适的教学方案或计划。

第四，合理地组织与管理教学过程。

第五，在规定的时间内，争取获得最大可能发展的效果。

---

① 谭惠苓.网绲环境下现代远程开放教育教与学评价体系研究[M].沈阳：沈阳出版社，2010.

教学过程最优化的具体实施内容如下：

第一，结合具体的教学实际，全面分析教学任务，提出建议和对策。

第二，深入学生实际，确定教学组织内容。

第三，依据教学大纲突出教学的重点与难点。

第四，分析具体的教学条件，确定合理的教学方法。

第五，开展差异化教学。

第六，确定最优化的教学进度，取得理想的教学效果。

②有效教学理论。有效教学是关于教学质量提高的一个非常重要的理论，国内教育学专家对这一理论进行了解释：利用经济学理论对有效教学的效果、效益、效率等进行阐释；有效教学的内涵集中体现在"有效"和"教学"两个方面，要从这两个方面对有效教学的概念做出界定；以学生发展为价值取向来界定有效教学。这些内涵从表、中、深三个层面来阐述有效教学的结构。

（2）多元智能理论

目前，多元智能理论在各个领域都得到了比较广泛的应用，其中在教育领域使用的频率也比较多。如今这一理论在国际教育界得到了极为迅速的传播和发展。这一理论符合当前教育改革的思想与潮流，注重学生潜在能力和个性化发展，对于人才的挖掘与培养及整个学校教育的发展都产生了深远的影响。

一般来说，多元智能理论主要包括言语/语言智能、逻辑/数理智能、视觉/空间关系智能、音乐/节奏智能、身体/运动智能、人际交往智能、内省智能、自然观察者智能、存在智能九个方面。这几个方面的智能对人的发展产生极为重要的影响。[①]

发展到现在，网络技术在学校教育领域得到了非常广泛的应用，在这一技术的利用下，教学改革、创新人才培养等都实现了突破式的发展和进步。网络技术与课程整合发展成为现代教育的一个趋势，这一发展的理论和途径要以先进的教育理论为指导，而多元智能理论就提供了这样一种科学的理论

---

① 陈仕品，何济玲.多元智能理论指导下的信息技术与课程整合[J].现代教育技术，2006（05）：9-11.

构想。

多元智能理论认为智力是多元化的，即智力不是一种能力，而是一组能力。多元智能理论非常注重学生多种智能的发展，强调在促进学生多种智能发展的同时，要保证其优势智能的发展，在这样的情况下，学生能获得全面发展和个性化发展。需要注意的是，为促进学生多元智能的发展，需要为其构建一个浓厚的学习氛围，要满足不同学生的学习需求，这样才能实现人才培养的目标。[1]

（3）系统理论

系统主要由若干子系统构成，小的子系统又包含诸多元素，这些要素不是固定不变的，而是处于不断地发展和变化中。

系统的形成与发展需要具备元素、结构和环境三个基本的前提条件，只有具备了这几个要素，才能形成一个完整的系统。

①元素。系统包含多方面的元素，这些元素之间不是孤立存在的，而是相互联系、相互促进的，并推动着整个系统的发展，缺少了任何一方面的元素，系统的发展都会受到影响。

②结构。任何一个系统的发展都不是盲目的，而是在一定的结构下发展的，系统的结构要保持完整，如此才能获得健康的发展。任何系统都有一个特定的结构，采取各种手段与措施完善这一结构对于系统的整体发展而言具有非常重要的意义。

③环境。环境也是系统发展的重要因素，正是在这一要素的促进下，系统才得以形成与发展。没有了环境，系统也就失去了存在的基础，因此建设一个良好的环境对于系统的发展非常重要。

以上就是系统得以形成与发展的重要前提和条件，每一个方面都非常重要，掌握系统论的基本理论对于教育的发展具有重要的意义。

通常来说，一个完整的系统应具有以下几个方面的特征：

①集合性特征。系统是一个有组织的整体，系统内元素众多，各元素组合在一起集合为一个系统，因此系统都不是孤立存在的，而是由不同元素

---

[1] 张文兰.信息技术与课程整合[M].西安：陕西师范大学出版社，2012.

（子系统）按照一定结构有机组成的。①

②整体性特征。系统内包含多种要素，每一个要素各有自身鲜明的特点与功能，同时也有一定的缺陷，需要经过优化与组合，才能构建一个健全和完善的系统。因此，系统具有整体性特征。

③相关性特征。系统内各要素之间有着非常密切的联系，各要素的发展都是为整体系统服务的，在这些要素的密切配合下，系统得以不断发展。在教学系统中，教师、学生、教材等都是教学系统内的各个要素，它们之间彼此联系、共同发展，推动着教学系统的进一步发展。

④反馈性特征。系统要想顺利地运转就需要具备良好的自我调节能力，这一能力需要通过反馈进行，通过反馈可以使系统收集到各种系统内部与外部的相关信息，然后系统根据这些信息做出自我调节，从而维持系统的稳定性。由此可见，系统具有反馈性特征。

教学系统非常复杂，主要由一个个子系统构成，各子系统又由诸多要素构成，这些要素的特征与功能决定了教学系统的功能和特点。在教学中，要设计出合理的教学方案，首先就要充分了解系统内各要素的构成，了解系统内各要素的特点与功能。一般来说，教学系统主要由以下要素构成。

①学生。学生是教学活动中的重要主体，一切教学活动的开展都应围绕学生进行，这体现了"以人为本"的基本理念。学生要想获得良好的发展，就必须建立一个良好的知识与技能结构，包括理论、体能、技能等多方面。

②教师。教师也是教学活动中的重要主体，教学活动的顺利开展离不开教师的指导。教师除了要具备丰富的知识与技能外，还要具备出色的教学组织与管理能力。在具体的教学活动中，教师要充分发挥自身的主导性，组织与管理好整个教学过程，提高教学的效率和质量。

③教学方法与手段。在教学中，教学方法与手段的选择非常重要。教师要结合当前教学实际和学生特点选择合适的教学方法与手段，并进行不断地创新，以适应教学的发展和需要。伴随着现代科学技术的发展，各种网络技术逐步应用到教学中，极大地提高了教学的质量。

---

① 于飞，李晓东，王斐.现代教育学优化与科学实务研究[M].北京：中国商务出版社，2018.

④教学媒体。教学媒体也是教学的重要因素，缺少了教学媒体，整个教学活动也是难以顺利进行的。因此，教学媒体也是教学系统的重要因素，要加强这方面的建设与发展。一般来说，教学媒体主要分为传统教学媒体和现代教学媒体两个部分。如今，现代教学媒体得到了广泛的应用，在教学设计的过程中，设计人员要多考虑现代教学媒体这一方面的内容。

第二节　高校英语教学理论阐释

一、英语教学

在英语教学研究和实践中，英语教学呈现了以下几个特点：

首先，当代的英语教学以创新作为教学理念。

其次，英语教学更加注重培养学生的跨文化意识。

最后，英语教学注重与互联网相结合。

（一）明确英语教学目标

对于高校学生来说，就业是他们将来的主要任务。随着市场经济的发展和全球化进程的不断深入，越来越多的高校生在毕业后选择直接就业而不是继续深造。这就需要高校在教学过程中明确培养目标，结合实际情况，制订出能够切实提高学生实践能力的教学计划，同时不断完善教学课程体系，在实际教学中对学生进行个性化教育。高校英语课程是高校课程体系中非常重要的组成部分，对于高校学生就业有很大的帮助。高校英语教学应以就业为导向，制订出有针对性的教学计划。

第一，要加强高校学生英语实际运用能力的培养。为了使高校学生能更好地进行社会交流与实践应用，教师在教学中可以根据专业特点、课程性质以及学生就业方向来明确教学目标。比如，旅游专业和市场营销专业对学生实际应用能力要求较高，所以教师在课堂上可以重点传授英语听、说、读、写方面的知识和技巧。

第二，要增强高校生的就业能力。高校是高校学生走向社会、接触社会的一个重要平台，因此学校必须加强对学生就业能力的培养。对于一些职业学校来说，可以适当增加英语课程，结合学生实际情况安排专业课程和就业技能训练，从而使学生在毕业后尽快适应社会环境，并在实践中更好地运用所学知识进行社会交流和实践应用。

（二）创新英语教学模式

创新英语教学模式对应用型人才培养目标的实现具有重要的现实意义。英语教学要充分尊重学生的主体地位，注重学生自主学习能力的培养，让学生成为英语课堂教学的主体，充分发挥学生学习主体作用。高校教师应该不断创新英语教学模式，将传统的"填鸭式"教学方法向多元化教学方法转变，优化学习环境，发挥网络作用和多媒体作用。

首先，要注重发挥多媒体作用。在教学过程中教师可以利用网络技术、多媒体设备等辅助工具开展英语课堂教学。在实际教学过程中教师可以在计算机上建立虚拟仿真课堂环境，运用虚拟仿真技术将真实场景与虚拟场景相结合，以创设情境实现教学目标。

其次，要注重语言实践运用能力的培养。通过英语教学提高学生语言学习兴趣与交际能力，是高校英语课程教学改革的一个重要方面。教师在课堂教学中应注重学生语言实践运用能力的培养，设置情景模拟活动引导学生参与交流、讨论等，调动学生的学习兴趣及主动性。同时，通过这种语言实践活动锻炼学生英语交际能力和书面语言运用能力，从而提高学生的英语应用能力。

最后，要注重对学生学习效果的评价与考核机制建设。传统的评价体系通常是以教师为主体开展评价工作，这在很大程度上束缚了学生英语学习的积极性与主动性。随着教学改革的推进和教育信息化的发展，教师在教学过程中应转变传统观念和意识,并采用多元化教学方法与评价方式来实现对学生学习效果考核和过程管理。同时,也应注意对学生学习情况与能力情况的考核方式与权重设置。

(三)优化英语课程结构

教师要以学生发展为根本,将学生作为课程教学的出发点和落脚点。在教学过程中,教师应关注学生在英语学习中出现的问题,并给予正确引导,帮助学生解决学习问题。同时,要根据实际情况进行适当调整,为学生提供更多的实践机会。教师还应建立科学合理的课程结构,明确课程目标,对英语课程体系进行合理设置,如增加交际类英语课程、职业英语课程等。同时,教师还应根据学校各专业学生学习情况进行教材的选择和优化,将最新、最实用的教学资源引入课堂,以提高教学质量。在保证学生掌握基本知识的同时,加强对学生专业知识和技能的培养与训练,使其成为应用型人才。

1. 树立新的人才培养理念

近年来,随着高等教育改革的不断深入,高校人才培养理念也逐渐发生了转变,形成了"宽口径、厚基础、强能力、高素质"的人才培养目标。各高校都在努力探索新的人才培养模式,以满足社会发展和经济建设的需要。这一趋势促使教师在教学中要转变思想,树立新的人才培养理念,适应社会对应用型人才的要求。高校英语教师不仅要传授知识和技能,还要承担起对学生进行思想政治教育和人文关怀的责任。英语教师要善于利用英语教学资源,挖掘出教学内容中蕴含的德育教育内容,以此来丰富教学内容。同时,教师还要创新英语教学模式,将传统的语言技能教学方式与情感教育、人文教育等有机结合起来。

2. 加强课程体系改革

高校英语课程体系改革中,应加强英语课程与其他课程的联系,将专业知识融入其中,如在英语口语和听力教学中融入专业知识,让学生在学习英语的同时也能够掌握本专业相关知识。此外，教师还应结合学生的实际情况增加职业英语课程。将职业英语融入教学中，可以让学生在学习过程中了解社会职业需求，并能根据社会需求进行有针对性的学习。例如，教师可以将英语应用到外贸行业中，在为学生讲解常用的外贸商务术语、国际贸易流程以及相关政策后，还可以将这些知识应用到实际工作中，让学生在实践中学习英语知识和专业技能。此外，还可以将职业英语与学科英语相结合。学科英语主要是对教材上的语言知识进行讲解以及拓展的训练。教师应加强学生对学科英语词汇的学习与记忆，并在讲解时注重对理论知识的运用。将职业英语引入教学后，可以让学生在学习过程中了解各行业的实际情况以及发展趋势。

二、高校英语教学的理念

（一）以素质为重点，强化英语综合能力培养

随着时代的进步与发展，国家对人才的需求已经不是单一的专业技术人才，而是综合素质全面发展的高素质应用型人才。高校学生应具备较强的英语应用能力，同时还要具备较好的政治素养和道德修养。只有这样，才能胜任今后的工作，才能成为一名合格的社会有用人才。在应用型人才培养目标下的高校英语教学过程中，应强化学生综合素质培养。在英语课程教学过程中，应重视提升语言交际功能，通过创设情境来促进学生的英语学习，使学生能真正地感受到英语在实际应用中所起到的作用。在这一过程中，教师应积极创造良好的语言交际环境，同时要引导学生充分利用网络资源进行自主学习和探索，以便更好地掌握英语知识和提高应用能力。在英语课程教学过程中，教师还要加强对学生道德品质、生活技能、心理健康等素质的培养。

1.注重思想品德教育

在高校英语教学过程中，应注重对学生进行思想品德教育，使其能够真

正理解并掌握英语知识的同时不断提高自身的思想品德修养，具有较强的政治意识和道德水平。

首先，在英语教学过程中，教师可以通过引入中外历史典故、名人名言、重大事件等来进行思想品德教育，使学生能够积极参与到思想品德教育中，使其更好地理解英语知识和提高综合素质。

其次，在英语教学过程中，教师还可以通过传统文化来提高学生的思想道德水平，使学生能够真正感受到传统文化所蕴含的深刻内涵。例如，在学习《论语》时教师可以让学生充分了解"仁""义"等思想内容，同时还应引导学生继承和发扬中华民族优良传统文化中的精华和思想理念。

2. 培养良好的心理素质

当代高校学生的心理素质问题已成为学生最关注的问题之一，许多心理问题甚至已成为威胁高校学生身心健康和学业发展的重要因素。学生对心理素质问题的认识与重视程度会直接影响到学生的学习与生活，而高校学生心理健康水平不仅与个人成长发展直接相关，而且与高校教育教学质量直接相关。在英语教学过程中，教师应重视对学生心理健康水平的培养，为学生创造良好的英语学习环境，使其能在和谐愉快的教学氛围中更好地学习和掌握英语知识。同时，教师还应引导学生正确认识自身所处的社会环境，增强他们适应社会环境、驾驭社会环境的能力，培养他们具备较高的心理承受能力。只有这样，才能更好地面对和处理生活中所出现的各种问题。高校学生正处于长身体、长能力阶段，面临着社会上诸多因素带来的压力和挑战，所以教师在英语教学过程中应重视学生心理素质的培养工作。

3. 掌握实用生活技能

在应用型人才培养目标下，学生应掌握一定的生活技能，以便适应社会发展的需要。在英语教学过程中，教师应充分发挥英语与社会生活联系密切的优势，加强对学生生活技能的培养。在这一过程中，教师要加强对学生生活技能的培养，使其能够运用英语来解决日常生活问题。学生掌握必要的生活技能不但能够提升学生学习的效率，同时还有利于其自身综合素质的提升。例如，在日常生活中，学生应能运用英语识别相关家用电器的英文说明书，正确使用洗衣机和冰箱等家用电器。教师要引导学生掌握这些家用电器的功能和用法，使其能够正确地使用这些家用电器。另外，还可以引导学生在不同的场所中识别英文标识、进口商品标签与用途，从而提高学生自己处理生活问题的能力。

（二）以应用为主线，提高英语教学实践应用能力

教师要从培养高校学生的英语交际能力入手，根据高校学生的学习特点制订相关教学方案。例如，以小组为单位进行讨论式学习，提高学生之间交流与合作的能力；在课堂上教师要加强对学生口语训练的指导和训练，同时利用多媒体等现代化手段来提高学生的学习效率。在具体教学过程中，教师可以采取灵活多样的考核方式来提高高校学生运用语言进行社会交流的能力，如进行任务型教学、口语测试等。

1. 任务型教学

在实际教学过程中，教师可以把课程教学分成几个阶段，每个阶段完成一定的任务。例如，在课堂上将单词和课文内容教授完后，教师可以布置一些简单的任务，让学生利用课余时间进行练习和复习。这些任务一般都是比较简单且贴近学生生活的。例如，在进行单词记忆时，教师可以布置学生背诵《牛津英语》第七册上的对话和课文，然后可以让学生在课堂上模拟对话来进行练习。这种教学模式既能锻炼学生听力、口语以及写作等方面的能力，又能提高学生分析问题、解决问题的能力。同时，教师也可以在完成任务之后对学生进行一些口头测试和笔试测试，这样更能提升他们的学习效果。

2. 口语测试

高校英语课程的口语测试主要是对学生的口语交际能力进行考查，通过对学生的语言交际能力进行考查，便于教师了解学生的英语口语表达能力。在具体口语测试时，教师可以先让学生读一篇英文短文，然后根据短文内容进行提问。例如，"What was the first sentence？"这道题的测试目的是考查

学生在听完录音材料后对文章内容的理解能力和反应速度。学生在听完录音材料后对内容进行理解，然后根据对文章内容的理解提出问题。这样可以有效地让学生利用所学知识进行讨论和交流，同时也可以加强学生之间的沟通与合作。然后，教师可以根据学生回答问题的情况进行评分，将回答问题正确率较高、反应较快的学生评定为优秀口语学习者。

3.计算机辅助教学

计算机辅助教学是指将计算机技术应用到教学过程中，实现传统课堂教学无法实现的一些教学目标，达到提高学生英语学习效率和质量的目的。利用计算机辅助教学，教师在课前可以将英语课件制作出来，在课堂上将课件投放到电子显示屏上，利用多媒体设备进行讲解，而学生则可以通过鼠标对课件进行操作。这种教学方式既能吸引学生的注意力，又能让学生在短时间内获得更多的英语知识。计算机辅助英语课程教学不仅有利于培养学生的英语思维能力，还有利于提高学生英语学习的兴趣和积极性。在计算机辅助英语课程教学过程中，教师还可以通过网络等途径与其他高校进行交流合作，提高资源共享的效率和质量。

目前，我国的高等教育已经从精英教育转向大众化教育，高等教育的人才培养目标也发生了变化。因此，高校英语教学也必须与时俱进，调整教学理念与教学目标，将应用型人才培养目标纳入高校英语课程的教学体系中。教师应在课堂上采取营造语言环境、充分运用真实材料、鼓励学生参与课堂互动、改革课程评价方式等措施，从而提升高校学生对英语的实际应用能力。从学校层面来看，学校应该在课程设置、师资建设等方面为高校英语课程的教学改革提供良好的条件，教师应该不断提高自身素质以适应社会发展的需要，学生则需要掌握科学学习方法以提升自己的英语实践能力。

第三节 移动网络辅助高校英语教学

在经济全球化背景下,如何培养符合时代发展的多元性人才已经成为首要任务,也是高校教育需要解决的主要问题。我国教育部门提出了教学改革新的目标,高校英语教学全面改革已经成为重点工程之一。高校英语教学改革的主要目的是培养当代高校学生英语实践及英语表达能力,将重点放在英语听、说、读、写等方面,改革的主要目标是在高校英语教学过程中充分应用多媒体教学方式,通过现代化教学方法,发挥出现代教学技术在传统英语教学领域的作用,改变传统的知识授课模式,转变为学生主体能力的培养。网络技术属于一种通信工具,目前已经实现了整体的普及,对于高校学生英语自主学习来讲,可以通过网络的方式完成同步或者异步交流。网络英语教学和传统英语教学相比,具有时空分离和师生分离的特点,即应用现代化教学技巧,将教学资源远距离传输给学生。

一、移动学习环境下的高校英语教学

(一)基于智能手机的移动学习

移动技术极大地丰富了学生英语学习的方式,从最初的电子词典、掌上电脑到现在的智能手机,均得益于移动技术的发展。基于移动技术的英语学习在高校教学中扮演了越来越重要的角色;与此同时,智能手机的发展及在高校校园内的使用率,借助智能手机进行英语的移动学习成为必然趋势。

智能手机存储量大，能够存储文本、图片、音频视频等，图文并茂的形式增强了学生英语学习的趣味性，同时智能手机携带方便，价格能满足各个经济层次学生的需求。学生也可以根据自己的学习能力和状态，实时调整学习进度和学习内容的呈现方式，并可以重复学习，有针对性地进行复习和巩固。尽管智能手机最初并不是为教育而设计的，但它有许多内置功能，可以方便语言教学。对于我国高校学生而言，移动辅助语言学习对于英语学习的影响主要体现在词汇及听说方面。各种英语电子词典及词汇软件，如有道、海词等，极大地方便了学生随时查阅英语词汇。同时，智能手机可下载各种英语有声学习 App，且材料真实、涉及领域广泛、更新快。例如，喜马拉雅中的 TED 英语演讲，China Daily，VOA 等。在口语学习方面，目前智能手机中的多种软件有跟读且打分的功能。例如，英语口语 8000 句、有道词典等。有道词典中的英语例句跟读且具备打分功能，很大程度上对学生的英语发音起到了及时纠正作用。

（二）智能手机在高校英语教学中的使用效果

研究表明，基于网络的学习活动能够鼓励学生积极参与，主要在于网络能够为学生提供丰富的学习资源。网络为学生提供了大量不受时间、地点限制的电子资源。在我国，信息技术的快速发展促使英语教学从传统式教育转向计算机辅助教学。近年来，基于智能手机的英语教学在很多高校普及开来，这使得多数中国学生越来越多地接触移动学习。

也有研究表明，智能手机容易分散学生注意力，因此一些教师甚至采取了禁止在课堂上使用智能手机的方法。与之类似，在澳大利亚、英国和法国的一些学校中，也有禁止学生在教室使用手机的情况。成长于不同的技术时代，教师和决策者可能对移动技术在课堂上的用途有不同的体验和看法。学生是所有学习活动的中心，缺乏对移动学习工具的理解，可能导致他们抵制基于智能手机的语言学习的实施。因此，从学生自身的角度确定推动智能手机应用与语言学习的因素是至关重要的。然而，和传统学习方式相比，移动学习终究是一种新型的学习模式。贫富差距使得一些在学龄早期接触过电脑的学生拥有较好的网络使用技能和适应性。一些计算机使用技能较弱的学生很可能在学习过程中产生网络迷失，而影响最终的学习效果，这就导致个别学生移动学习的最终成绩波动较大。因此，学生在平时的移动学习中，应注重在线学习技能的练习，充分熟悉有益的网络资源，使智能手机最大限度地服务于学习。

（三）学生对智能手机在英语学习中的使用态度

有学者采用问卷调查结合半开放式访谈的形式探讨了移动学习在高校英语教学中的影响。结果显示，90%的学生对基于智能手机的移动学习是持肯定态度的。他们认为智能手机中的在线词典、注释等，在很大程度上能使学生更加高效、直观、便捷地获取和理解文本信息，并能激发他们学习的兴趣，提高学习的热情。有10%的学生对手机移动学习持否定态度。他们认为在使用手机学习时容易被干扰因素打扰，时间稍长就会感觉难以集中精力。还有的学生认为手机学习不如纸质学习方便，不能随意标注、做笔记，并且容易形成依赖性。可以看出，少数学生在使用手机学习中不能把握重点，自控能力不够强。

在移动学习资源的调查中，近80%的学生有过听英语歌曲和看英语电视剧学习英语的经历。然而，当教师解析结果时需要谨慎，因为这些活动可以以不同的目的进行。换句话说，对于出于休闲目的的学生和出于学习目的的学生，看英语电影会产生质的不同。虽然附带学习对词汇、听力和阅读技能的发展是有益的，但有效的学习策略和教师的支持对学习者来说更为重要。

还有一些学生没有任何使用移动设备提高英语口语的经历。尽管研究人员主张使用当前技术的音频或语音功能进行学习，但目前研究较少。中国学生不使用移动设备说英语的两种可能的解释是：传统评估中对说英语的重视程度不够，以及中国的"哑巴英语"现象的存在。由于对英语口语感到恐惧或缺乏信心，学生有时会采取回避策略，把注意力集中在其他语言技能的练习上。例如，在中国香港，有报告称，学生很珍惜在教室外反复排练视频脚本来练习说话的机会。也有研究结果表明，与单独学习的学生相比，合作学习的学生报告的参与焦虑较少。

（四）影响高校英语移动学习的因素

1. 有利因素

（1）在线词典。在线词典以其快捷、实时、高效等特点，受到了学生的青睐。应用在线词典可以缩短阅读时间，方便快捷地查找目标词义，有利于学习理解的顺利进行。有些在线词典还提供了多种周边扩展功能，如拼写提示、音标反查，有利于学生的理解和记忆。

（2）在线翻译。在具体的写作过程中，学生会先用汉语写出一些结构复杂的句子，然后利用在线翻译直接翻译成英文。通过在线翻译，学生能够检查自己所写的英文，把词与句子更通顺地联结在一起。

（3）可编辑性。有一半的学生认为在线写作的可编辑性是一个有利因素，可以随时不留痕迹地增减信息，也可以把粘贴、复制而来的信息按自己所需的方式编辑成想要的文档。在线平台提供了大量有益的英语信息，有利于他们及时搜集素材，且不少网络资源图文生动、声情并茂，使学习变得更加生动有趣。

2. 不利因素

（1）网络迷失。所谓网络迷失，主要指学生在线写作时容易受到网络中不相干信息的干扰，分散注意力，影响最终写作成绩。而传统模式下的写作环境相对单纯，学生不易受其他因素的干扰。

（2）学习习惯。这里所说的写作习惯主要指传统模式下的写作习惯。大多数学生依然习惯于纸质写作，对于在线写作不能完全适应。

（3）身体不适。长时间看电脑会导致眼睛干涩、颈椎疼痛等。

二、移动网络在高校英语教学中应用的利与弊

（一）移动网络在高校英语教学中应用的利

当下，移动网络的已经逐步地渗透到了高校英语教学中，教师与学生也

都已经逐渐熟悉了这样的教学模式，那么移动网络在高校英语教学中有哪些好处呢？

1.增强教学直观感受，激发学生学习兴趣

从心理学的角度分析，学生在学习的过程中，如果没有一个愉悦的心情和一个浓厚的心，就不能对学习产生兴趣，只能作为一种负担。英语学习本身上是枯燥的、抽象的，将移动网络应用到高校英语教学中不但能够将抽象的知识转变为更加形象的、有趣的内容，还能为学生营造一个可听、可视的英语环境，并创造一个悦耳、悦目、悦心的交际场景。这样的方式能够极大地调动起学生英语学习的积极性，并能使学生能够怀着一颗愉悦、快乐的心情进行学习，从而更自觉地与教师进行英语口语的交流与互动。而且在教师讲解一些内容抽象的文章时，移动网络还可以为学生提供一个更加直观形象的场景。在观看场景的同时，能够更加深刻地理解并记忆相关的知识点。另外，这种运用移动网络的方式能够将课堂中的英语教学逐渐地延伸到课堂之外，学生对于移动网络的兴趣不言而喻，所以将移动网络与英语结合，能够加强学生对于英语网络学习的兴趣，让学生在课余时间可以自主地进行学习，从而有效地提高高校学生的英语综合应用能力。

2.拓展学生思维空间，增强学生理解能力

移动网络下高校英语教学一般以图文结合或视频的方式为主，这样的方式能够潜移默化地增强学生的思维，丰富学生的想象力，因为学生对视频与图片的理解永远大于对文字的理解。移动网络能够不断地拓展学生的思维能力，能够激发学生的再造形象。在视觉与听觉相结合的立体空间内，学生可以充分地展开想象，并不断地畅谈自己内心的感受，加强自身的理解能力，并更快更好地投入英语学习中。英语教师还可根据教学的实际，对视频进行一定的修改，将一些简单易懂的对话内容进行消音处理，让学生对课程产生一定的兴趣，并可以在讲解课文后，让学生进行配音，加深学生对课文的理解，从而更好地对学生进行发散性思维的培养。

3. 减少"哑巴英语"的出现

以前，我们国家在英语学习方面更加注重对学生"听"与"写"能力的培养，缺少了对学生"说"能力的培养。"说"其实是英语教学中最直接、最常用的交际方式，也是英语教学中的重要组成部分。因为教学市场的原因，学生在高校英语课堂中很少有机会开口说英语，能够直接与外国人进行交谈的机会更是少之又少。移动网络能够轻松地解决这一问题，它能够通过一些社交平台或是一些网络软件进行虚拟人物的对话，还能够通过耳麦对学生所说的英语进行分析与评定，指出学生发言或是语音中的失误，这样的方式能够真正地让学生开口说英语，并形成优美的语音语调，进而培养学生的英语语感。

4. 扩大英语教学范围，扩宽学生知识面

将移动网络融入高校英语教学中，能够极大地扩大高校英语教学的范围以及教学的课堂容量，使课堂内容更加充实。移动网络不但能够提供学生不同电子版的英语教材，还能够为学生提供相关的阅读、写作、听力等学习资料，甚至还能够提供相关的教学设计、学术论文等。教师可以直接利用这些教学资料与资源对学生进行相关的教学，并且能够让学生的学习范围从"教材"当中跳出来，不断地拓宽学生的知识面，增加学习的时间及空间，让课堂焕发出新的生机。

5. 有助于实现教育资源最大限度的共享

在教育信息化发展背景下，网络平台的优势愈发显著，其中教育资源共享便是对教育工作带来的最大好处。说起教育信息化，我们首先想到的就是校园局域网、网上远程教学、网络图书馆等。正是在这种情况下，许多人对教育信息化的理解第一印象便是硬件配置。教育信息化的初步实施阶段，许多高等院校在网络硬件的建设环节给予高度重视，成立校园网、多媒体教室、语音实验室等，为课程教学提供更多设备软件。基于网络平台的英语教学，教学资源更加丰富，相比于书本教材，网络所呈现出的资源数量、类型远远超出传统教学范畴，通过建立教育资源共享中心，快速取得多种宝贵的学习资料、数据库、教育信息，还可以通过下载教学软件、搭建英语教学平

台等措施，与学生进行教学成果共享。对于学生而言，可以充分利用教育资源中心，快速锁定目标学习文件，以此开展自主学习，摆脱传统教学的空间、资源限制，避免教学资源的分散与流失，最大限度地实现教育资源共享。

6.满足高校学生的自主学习需求

高校学生正处于身心快速发展时期，对课程学习拥有自己的想法，尤其在听力和口语训练中，具有明确的学习标准与要求。只有在网络环境下进行教学模式的优化与创新，从学生角度出发，才能确保与时俱进，更好地满足高校学生群体对英语课程的学习需求。合理借助网络教材资源，使英语教材内容得到丰富，快速拓宽教学范围，快速获取最新信息，确保高校英语教学更加切合实际，具有实用性、有效性。对于高校学生来说，进行学习只需操作鼠标便可以快速获取目标内容，不同主题内容的跳转更加方便，语言知识的连接更加轻松、高效。不仅如此，通过开展网络教学，高校学生可以自由选取多种测试活动，与教师开展互动交流，拉近师生距离，由教师帮助学生解决课程学习中的重点难题。通过生生之间的互动交流，使学习资源传递更加有效，并在合作学习中增强团队合作意识，丰富自身知识体系。总体来说，在网络英语教学中，英语课程教学更加灵活多样，学生可以穿梭在不同教材内容、知识点中，实现自主浏览、学习与复习，极大程度地满足现代高校学生的英语学习需求，夯实其英语知识基础。

7.营造良好的英语教学氛围

现阶段，国内多所高校均从传统教学模式转向信息化教学，搭建全新的网络英语教育平台，在现代网络技术的带领下，以网络平台为基础，为教师与学生提供良好的学习交流与互动平台，进一步实现"一对一、一对多"的口语与听力训练，使传统英语课程教学中"重阅读、轻听说"问题得到有效改善，让学生在轻松、愉快的环境氛围中，取得更多宝贵的英语知识。学生通过多媒体技术，结合自身学习需求与能力水平，播放难度适中的复读课文，跟随文章内容进行模仿跟读和语音比对，并在英语教师的悉心指导下，使不正确的语音语调得到及时纠正。网络学习平台提供的教材资源库将更多不同层级的听力、阅读、口语优质教材资料提供给学生，能够有效改善不同层次学生之间的需求矛盾问题，使每个人都能得到适合自己的资源；既优化了高校英语教学的形式与过程，又大胆突破了传统教学模式下教材、时间、空间的限制；有利于"循序渐进、因材施教"教学观念的深入贯彻落实，为高校英语教学搭建更为舒适、直观、实用的语言交流环境，让高校学生在知识的海洋中快乐遨游。

（二）移动网络在高校英语教学中应用的弊

事物的发展总是有两面性的，移动网络在高校英语教学当中具有许多的优点，当然，随之也带来了一定的缺点。

1. 学生过分依赖移动网络

移动网络的世界是丰富多彩的，一些缺乏自律性与主动性的学生对丰富多彩的世界毫无抵抗力，导致学生在移动网络中不仅仅是进行英语知识的学习，如果教师没有对学生进行监督，学生还会做一些与学习无关的事情，时间一长，就会将注意力转移到与英语知识无关的事情上。我们无法否认，在移动网络辅助教学过程中，教师很难对学生进行监督，大部分的时间都只能靠学生的自主性，且一些软件不可避免地存在一些漏洞，一些心术不正的学生很有可能会趁机弄虚作假，利用漏洞来欺骗老师，因此教师绝不能够将移动网络作为课堂的主体，而是应当将其作为课堂教学的辅助，利用高科技的辅助手段高效、快捷地为教学服务。

2. 教师过分依赖移动网络

移动网络的发展的确为教师提供了许多便利，尤其是"微课""慕课"的兴起，为教师减轻了许多教学压力。但有的教师开始过分地依赖移动网络，不能够分清课堂当中的主次，在课堂上过多地应用"微课"及"慕课"，在移动网络上大做文章，将字句段落的教学、朗诵的练习、听力的练习通通在网络上进行，造成学生在网络的世界中应接不暇，这会对学生的英语学习造成许多的困扰，教学效率极低。有的教师将移动网络当作教学的主体，只根据自己的教学课件进行讲授，完全忽略了学生的感受，而且一些教师使用的课件也差强人意，有的甚至只是从网络上搜索而来，完全没有自己的思考与教学方式，教师的角色更是无从谈起。

第二章

翻转课堂教学模式理论概述

  翻转课堂是在信息化时代技术变革的基础之上应运而生的一项教育模式，它以信息技术为手段，以学生为中心，是时代对教育改革的推动。翻转课堂的产生源于信息化社会的到来，新事物的产生往往会带来进步和活力，但也可能产生偏差。在其实施落地过程中更会产生各种各样的问题，但我们不能因此否认变革的必要性，而是要认清其变革的本质。这样才能在实践中少走弯路，真正满足个性化自主学习的需要，解决课堂教学的现实困境，使"教"与"学"形成最大合力，发挥最大效率。

第一节 翻转课堂产生的背景

一、翻转课堂的时代背景

翻转课堂是课堂教学模式的变革和探索，从概念的提出到在教学实践中被广泛接受和推广，其对教学质量和学生学习能力的提升效果显著。这一教育观念在我国教育界也引起了极大关注，很多教育工作者投身到翻转课堂的教学改革中。但总体而言，普及率还远远不够，总结起来主要有以下几个方面的原因：

（一）教学观念的变革与挑战

几千年来，我国传统文化素来强调"师道尊严"。教师在课堂上是绝对的主导者。从小学起，学生被要求上课保持同样的坐姿，教师提问学生要起立回答，有问题要举手提问等形式，对保持课堂纪律、约束学生专心上课确实起到了一定的作用。但也明显反映出在整个教学过程中教师的绝对主导地位，"以教师为中心"的观念贯穿我国千百年来的教育体系。翻转课堂的教学方式需要学生课前主动学习，掌握基本知识点，课上教师不再是知识的传授者，而是知识深化的引导者和实践的指导者，这对"重教轻学"的传统教学观念是一种冲击。

其实，早在20世纪初，西方教育界就提出了"以学生为中心"的教育理论，其后又提出发现式学习方式，注重学生自主探究式学习。这种"重学轻教"的教育观念也传入了我国，引起了我国教育界的重视和认同，从而提出了"以学生为中心"的教育理念。但从多年的教学实践来看,以教为主、重教轻学的教育观念一直还是主流,教师在教学过程中还是牢牢占据着主导地位。

翻转课堂在教育观念上更进一步,它改变了"以教师为中心"和"以学生为中心"相对立的现象,形成了一种"混合式"的教育思想。翻转课堂的教学主要包括课前和课上两部分,课前部分以学生自主学习为主,要求学生掌握基本的知识点,但这个过程并非与教师无关,有些知识点中的重点、难点仅靠学生自学是难以真正理解的,需要教师的启发和帮助,而各知识点之间的融会贯通更是需要教师的引导才能达成。[①]在课堂教学中,虽以学生活动为主,教师的作用不但没有减弱,而是提出了更高的要求,教师要组织学生围绕重点、难点等进行深入学习,不管是引导学生发现问题、引导专题方向,还是组织学生以多种形式协作探究,都对教师提出了更高的要求。

总之,翻转课堂的教学模式并未淡化教师的作用,而是强化了教师的作用,但这一强化不是在教上,而是在引导上,即淡化了知识灌输,强化了启发引导。在翻转课堂教学中,教师依然起着主导作用,以启发、引导的方式掌控着整个教学过程,而同时,学生作为学习主体,也必须发挥其主动性和创造性才能达到要求,这对学生也是一种挑战。翻转课堂的教学模式对教师的教学观念和学生的学习观念都提出了挑战和更高的要求,要想充分发挥出翻转课堂的效用,教师和学生都必须付出更大的努力。

(二)实施翻转课堂的限制条件

翻转课堂的教学观念虽然得到了教育界的普遍认可,但普及的过程并不顺利,最主要的原因就是客观条件的限制。要实现翻转课堂,首先要以大量教学视频及网络化教学环境为基础,而对教师个体而言,录制视频并不是一件容易的事情。在西方教育界,"可汗学院"的出现是翻转课堂普及的一个

[①] 陆国栋,楼程富.开放、融合、互动、内化 浙江省高校首批"翻转课堂"优秀案例[M].杭州:浙江大学出版社,2018.

转折点。作为一个非营利教学网站，可汗学院的主业是在线教育，录制了大量的课程视频，在线开放使用，同时开发出大量配套的测验、讨论、交流、指导等内容体系，使得翻转课堂的实施具有了坚实的基础。

在我国教育界，虽然翻转课堂作为一项重要的教学改革被推广，其教育观念也逐渐被接受，但实际落地情况并不乐观。因其对教学和学习环境有着较高要求，如良好的网络条件、电脑、iPad、智能手机等终端硬件设备等，广大农村地区和相对落后的中西部地区难以满足以上条件，东部南部大、中城市的学校普遍具备这样的教学环境与条件，这就使翻转课堂教学模式的推广在地域上受到了很大限制。

另外，各学科优质教学资源的研制开发与积累也是一个富有挑战且漫长的过程。翻转课堂重要一环是学生课前自主学习，目前普遍的做法是将课程设计成一个由知识点结成的整体，按照知识点录制视频，视频一般比较短小凝练，以便学生在较短的时间内掌握必要的知识点，为上课的深入讨论做好准备。因为学科众多，而且每个学科在学科内容、知识点构成等方面各有特点，要想在多学科全面推行翻转课堂，并形成固定的教学模式，需要庞大的视频作为基础。以教师个体的力量和能力，即使录制单科视频，也很难在内容和技术上保证视频的高质量，多学科视频录制更是不可能完成的任务。这便需要有相应机构能够整合资源，承担视频库的建设工作。由此可见，这是一个需要投入大量人力、物力和时间的富有挑战性的工作。虽然目前已经有华东师范大学牵头成立的 C20 慕课联盟等组织出现，但在视频库建设及后续学习交流体系建设方面还远远不够，这是限制翻转课堂这一新教学模式推广的关键点，也是我们努力的方向。

（三）减负政策与教学实践的冲突与磨合

我国学生学习负担过重、学习时间过长，一直是教育界难解之题，所以我国教育政策一直在强调减负，这就与翻转课堂的教学模式产生了可能的冲突。翻转课堂强调学生课前的自学，必然会占用学生的课余时间，增加学生负担。但我们不能因为这一点就否定学生课前自学的必要性，课前自学不仅是知识点的学习，为课上知识的深化和扩展做好准备，其更重要的意义在于培养学生自主学习的能力和习惯，由灌输式学习转变为自主式学习，这种习惯的养成不仅作用于学生的校园学习阶段，更会对学生的一生产生积极作用，因为外力是短暂而有限的，只有内生的动力才是强大而持续的。要解决这一冲突，需要对整个教学环节进行重整。微视频的自主学习目的在于自主学习重要知识点，为课堂环节的知识点深化、实践、讨论、主题研究等内容作准备，那么这一环节就不一定要在课外完成，完全可以纳入校内教学环节，而其核心是学生自主完成本环节的学习，并通过检测达到要求的水平。这样既达到了减负的目的，也能让学生更从容地完成自主学习环节，而教师也能更及时地予以指导。同时，每门课的课时数、每节课的时长等都需要做出相应调整，这是一个系统而复杂的工作，绝不是一蹴而就的。

二、翻转课堂的现实背景

翻转课堂虽然是近年来教学模式的一项重要改革和探索，但我们不难从其身上看到似曾相识的东西，如其变革还是以传统课堂教学的四个要素为基础，即教师、学生、教学内容和教学媒体。

与传统教学相比，其教学媒体更符合信息化时代的特色，多以音频、视频等多媒体的形式呈现。在师生地位和作用上的探索，翻转课堂强调教师由课堂教学的主宰者转变成为课堂教学的组织者、指导者和知识的提供者，学生由知识的被动接受者转变为知识接收、内化的主体，由此被动的知识灌输就变成了主动的知识吸纳，外部推动力被内生动力取代。

由此我们也可以看到很多似曾相识的观念。例如，2000年后，我国教育政策改革的重要内容之一就是提倡以学生为本，把学生身心的发展和潜能的开发作为教育的最终目标，大力提倡以教师为中心转变为以学生为中心的教学模式，教师承担的角色由知识的提供者和灌输者转变为教学资源的开发者、学生开发自我的帮助者、学生良好情操的培育者，在本质上与翻转课堂观念相合。[1]

从教学媒介来看，翻转课堂具有信息化社会的典型特点，其媒介由单一的教材转变成以教材为主，辅以丰富的信息化教学资源。但同时我们也要透过现象看到本质，信息化教学资源只是辅助教学的工具之一，它具有形象化、多样化、趣味化等特点，但也并非不可替代。比如，我国一些偏远地区和农村地区，信息化网络基础设施不够健全，电脑、智能手机也不够普及，但通过优选信息化数字资源，印刷成纸质扩展类材料，在欠缺信息化教学环境的情况下，只要有相同的理念，把有限的条件运用好，同样能起到促进学生自主学习、内化动力、深化认知的作用。通过以上分析我们可以看到，翻转课堂教学模式并非凭空而生的新事物，教育界一直在相同的方向上摸索前行，而信息化时代为这一探索增添了新的动力，我们唯有抓住翻转课堂的本质，才能在信息技术的推动下走得更远。

综上所述，作为一种新型教学模式的创新改革，翻转课堂以信息化时代为背景，以信息技术为载体，给传统教育观念带来了巨大冲击，给传统课堂教学带来了翻转变革，也给教育的发展带来了新的契机与活力。21世纪是信息化的时代，信息技术必将给世界带来前所未有的巨大变化，教育界必须顺应这一历史潮流，以教育信息化带动教育现代化，加快推进教育改革的步伐，这样才能在日益激烈的国际竞争中保持人才优势。在教学实践方面，我们既要秉持翻转课堂的理念，同时更要进一步加强本土化策略，使之与我国教育特色和发展阶段相契合，把这一教学模式的改革创新落到实处。

---

[1] 李玉顺，杨莹，夏长胜等.智能终端泛在化情形下的教学模式[J].中小学信息技术教育，2014（03）：82-84+93.

第二节 翻转课堂教学模式理论阐释

翻转课堂的出现可追溯到2007年，由美国的两位化学老师——乔纳森·伯尔曼（Jon Bergmann）和亚伦·萨姆斯（Aaron Sams）所进行的教学尝试，为了给缺课的学生补课，他们用录屏软件把 PPT 课件和实时讲解录制成视频发送给学生，出人意料的是，这种教学方式受到了学生的欢迎。两位教师又进一步推进教学实验，尝试让学生课前自主观看老师录制的视频，课堂上把主要时间精力用于指导学生做作业、做实验或讨论难点问题，这样就改变了课堂听讲、课后作业的传统教学模式。这就是翻转课堂最初的形式。翻转课堂的教学模式虽然在部分地区受到了欢迎，但并没有迅速普及，其中难点之一就是视频的制作对教师在信息技术运用、知识点梳理、时间精力等方面要求很高，难以迅速推广。

翻转课堂这一教学模式的迅速扩展得益于"可汗学院"的兴起和发展。可汗学院是一个非营利的教学网站，它的教学模式与翻转课堂不谋而合，其主要形式即利用视频讲解各学科知识点，并配以练习软件和互动工具，从而实现自主学习、练习巩固、互动答疑的教学过程。可汗学院的教学模式在全球范围内受到欢迎，翻转课堂的影响力也随之扩展至全美乃至全球，成为全球教育界的现象级热点，被称为"影响课堂教学的重大技术变革"。

翻转课堂的产生是信息技术普及的结果，是时代的产物，具有鲜明的时代特点。越来越多的信息技术手段进入到教育领域，正在改变着教育教学的方式和样态。翻转课堂在变革教学方式、提高教学效率，整合教育资源等方面的优势正在被开发和接受。

翻转课堂在我国教育领域来说并不是年轻的词汇，在我国教育整个阶段中，翻转课堂应用较早。而且在当下，不仅仅是教育行业，对于很多行业来说，都采用这种翻转的模式来不断夯实基础、积累经验，为未来提供更有价值的借鉴意义。虽然我国翻转课堂由来已久，但是通过起源信息来看，我国并不是最早实行教育模式改革的国家。最早采用课堂模式转变的是以美国为代表的教育，在刚出现这种模式时，并没有明确的词汇，只不过是将课堂上需要传授的一些内容，做出传授上的改变。根据相关书籍介绍，在美国一所中学上课的过程中，由于教师个人的原因难以给学生进行授课，无奈之下，教师就采用一些科技模式，将自己所讲的一些内容进行录制，最终形成了视频，发布到网络上。其最初的意义是解决自己难以上课的原因，但就是这么一个简单的举动，成了翻转课堂教学模式最早的改变。在视频上传过后发现学生很喜欢这种教育模式，因为他们能够在视频前回答自己想要回答的问题，而且也不会存在课堂上由于教师的严厉性使得自身学习受到影响，正是在这一过程中使得翻转课堂成为当下一种流行的教育模式。

一、翻转课堂教学模式的概念

随着互联网和信息技术的迅猛发展，基于"互联网+"环境，以多元移动终端设备和云计算、大数据等信息技术为载体的智能教学平台，为翻转课堂教学模式的优化提供了更多智能工具和创新空间。《教育信息化十年发展规划（2011—2020年）》指出，应推动信息技术与教育的深度融合，加快对课程的数字化改造，创新信息化教学与学习方式，提升个性化互动教学水平。[1]

翻转课堂英文为Flipped Classroom 或 Inverted Classroom，中文可以被翻译为"颠倒课堂"，所指的是在课堂教学阶段对于课堂内外时间进行颠倒与调整，从而逐步将学习的主动权由教师层面下放到学生层面，以此充分激发

---

[1] 王会霞，龚志敏，杨洒.信息技术与高等教育的深度融合与创新[J].软件导刊（教育技术），2018，17（04）：5-8.

学生对待课堂的学习主动性与积极性，使学生课堂学习阶段提升专注力，引导学生展开自主学习与自主探究，促进学生加强对课堂知识的理解与掌握，从而逐步达到融会贯通的学习效果。

翻转课堂教学模式一改传统的课堂授课概念，在翻转课堂当中充分围绕学生为核心展开课堂授课过程。学生能够充分发挥出自身的主观能动性，并且能够跟随着教师的思路引导展开对于各处知识的预习。同时基于预习的成果展开课堂知识的学习与探索。在此阶段教师所扮演的角色便是课堂的组织者与引导者，旨在为学生提供优良的课堂学习环境，从而让学生对于课堂知识进行自主学习与自主探究，从而通过该项举措来引导学生的自主学习能力，帮助学生在持续性的探索以及分析中形成对课堂知识的深刻理解，进而在锻炼学生良好学习习惯的同时强化学生思考问题与解决问题的能力，切实优化课堂教学工作质量以及实效性。

简单来讲，翻转课堂就是指学生在课前或课外，利用多媒体设备观看教师预先准备好的教学视频讲解内容。学生通过自主学习的方式完成相关知识的预习与积累，极大地突出了学生的主体地位。随后教师在课堂上以引导者的角色出现，针对学生的问题或疑惑进行集中解答，课堂成为师生、生生交互的场所，如采取专项答疑与合作探究的方式力求将知识全部内化，从而达到更好的教育效果。

二、翻转课堂教学模式的作用与效果

随着翻转课堂教学模式的普及，翻转课堂的优势及效果也逐渐被发掘和认可，其中比较有影响的观点涉及以下几个方面：

（一）由传统课堂教学向混合式学习发展

传统课堂教学最本质和鲜明的特征是教师的课堂讲授，整个教学过程的重心在教师的直接授课，信息的传递以单向为主。多年以来，虽然在教育领域也一直在强调重视师生互动,但课堂教学的核心仍是以教为主,师生互动效果并不理想,学生处于被动学习的地位,其自主学习与自主探究的需求没有得到应有注意。翻转课堂可以说是一种全新的"混合式学习方式",是将传统的直接课堂教学与在线教学相结合的混合式教学模式,"在本质上是一种将面对面的、传统的课堂教学与在线教学结合起来的混合学习模式,它是家、校分别在学生学习中(扮演的)角色与功能上的调整"。翻转课堂课前的在线学习已经解决了基本的知识点,教师得以在课堂时间加强与学生的互动,在提问回答、难点答疑、学生讨论等过程中,深化知识的理解与掌控,在一定程度上加强了师生互动的时间和频率。

(二)构建"学生为中心"的师生关系

在传统的课堂教学中,不管教师在主观上多么重视学生的个性化需求,其本质上都是以教师为中心的教学方式,学生很难获得学习上的主动权。利用翻转课堂这一教学方式,学生可以自主决定观看教学视频的时间、速度、频率等,这不只是学习时间、地点、进度等方面的改变,更是对"因材施教"的尝试。传统课堂教学不可能因个别学生的需求改变教学节奏,而翻转课堂使学生拥有了掌控学习节奏的权利,从而获得学习上的主动权。同时在课堂上,教师有更多的时间和精力把关注点放在学生身上,有更多的教学手段围绕学生来实施,从分组讨论、成员协作,到自主选择研究主题,再到独立解决问题,学生的角色由单纯被动接受到主动学习研究,师生之间的定位发生了根本的改变。在传统课堂教学中,教师只是知识的传授者和课堂管理者,学生则是被动的接受者,在翻转课堂中,教师更多承担指导和帮助的功能,而学生成为主动学习和研究者,由此使构建更加高效和谐的师生关系成为一种可能。

(三)激发学习的内在动力

翻转课堂表面上看只是把先教后练的传统教学模式转变为先学后教的教学模式,好像只是教学顺序的一个变化,其实不尽然,其中蕴含着不同的教学理念。先学是把学习的主动权交给了学生，以激发学生学习的内在动力。从孩子踏入校门起，传统课堂教学方式就把学生放在了被动和等待的位置上，学什么、怎么学、学多少、学多快都由老师说了算，学生没有主动的机会，渐渐便也丧失了主动的能力，这对学生创造力的发掘是极为不利的。翻转课堂的先学模式提供了一种可能性，即把自主学习的权利还给了学生。自主学习是指行为主体主动地、独立地、自控地进行学习，将"要我学"转变为"我要学"。[1]这种由他控到自控的转变，从小处着眼，是教学方式的转变，提高的是教学效率，从大处着眼，是思维方式的转变，是自主力和创造力的培养开发，是对内在动力的激发，外力作用于一时，而内在动力才是质变的推动力。

（四）让学生掌握阅读学习的主动权

在翻转课堂教学模式之下，学生可以结合自己的实际情况来灵活调整和安排学习的时间。针对自己学习的薄弱环节，集中力量进行重点攻关。比如，学生在课下、课外学习过程中，可以针对自己在课堂上听不明白的内容或理解不深的知识点，反复观看录制的教学视频，突破学习的重点和难点；也可以通过网络通信渠道与其他学生或老师进行沟通，以寻求帮助。

（五）突破传统课堂教学的局限性

利用翻转课堂模式进行教学可以节省宝贵的课堂教学时间，即借助信息技术网络手段，把课堂教学内容延伸到更广阔的空间，拓展传统课堂教学的范围。比如，在翻转课堂教学模式之下，学生可以借助互联网平台进行自主预习，提前了解和熟悉课堂上所有学习的知识，以便在课堂上能够更有针对性地听老师讲解，而在课外，学生可以借助互联网络开展自主学习，进行知识的查漏补缺。

---

[1] 刘冬冬.对翻转课堂的若干思考[J].辽宁教育，2015（19）：23-25.

（六）增强学生在学习过程中的互动

在教学中运用翻转课堂，可以促进师生、生生之间互动，能为学生提供互动交流的学习平台，让教师与学生之间更频繁互动。比如，学生在家学习的过程中，可以通过网络平台与老师之间互动，老师在网络上为学生答疑解惑，提供作业练习指导，学生之间也可以在网络上交流学习的方法等。

总之，翻转课堂教学模式促进了教师角色的转变，教师真正发挥促进学生学习的中介者及引导者的角色，真正实现了以学生为中心，发挥学生的主体作用。教师课前制作及上传高度凝练的视频，发挥教师在学生学习中促进者的角色，引导及培养学生课前自觉主动学习的习惯，激发学生主动学习的热情。可见，翻转课堂把重要的知识吸收内化阶段放在课上，更好地实现教师和学生的联结互动。同时，教师能更好地掌握学情，观察学生对知识的内化吸收及应用情况，在兼顾培养学习热情的同时满足学生个性化学习风格学习的需求。

第三节　翻转课堂与传统课堂的碰撞

2012年，翻转课堂的理念来到了中国，在中国的教育土壤上成长起来。在国内，曾经有类似的教学方法，被称为"高效课堂"，典型的案例包括1998年山东的杜郎口中学所尝试的杜郎口教学模式。与当前的翻转课堂不同，在这些模式中，学生并不使用微视频和在线做题，而使用导学案、课本和习题册。[1]翻转课堂来到中国后，关于中国式翻转课堂的尝试与理论的研究不断受到各个地区的热捧，同时也陆续出现很多关于翻转课堂本质的思

---

[1] 杨改学.教育信息化促进少数民族教育的变革与发展[M].北京：科学出版社，2016.

考，从高等教育、高中到中小学基础教育，翻转课堂在各个地方都进行着适应性尝试，一线教师也正用他们的尝试来促进翻转课堂的本土化、学龄化、专业学科化，人们对翻转课堂的讨论一直在持续。

一、翻转课堂与传统课堂的不同之处

那么日趋火热的翻转课堂与传统课堂相比，在教学上有哪些不同呢？下面就翻转课堂与传统课堂在日常教学过程中四个方面的不同，结合实际教学所感与学生反馈，归纳比较如下：

（一）教学准备不同

传统的课堂不仅在上课前要准备好上课的课件、熟悉上课的内容并组织形式流程，还要准备好一堂实验课所需要的实验材料。翻转课堂则提前解决了基础知识环节，一些能完成的基础实验在家中已经自行完成。但不同的是，翻转课堂需要教师在课前就本节课的内容知识点录制微课程，供学生课后在家中提前学习，需要提前就本节课知识点准备课前学习单，并根据课堂教学目标设计课堂任务单，如果课上需进行实验仍需提前准备实验器材，翻转课堂课前所需做的准备大于传统课堂。当然，当微课、自主学习单、课堂任务单准备好后，余下的课就可顺理成章地使用，即功夫要花在前头。

（二）教学内容不同

翻转课堂将基础知识的学习置于家庭中，课堂上重点讨论教学重难点或就其中一个问题展开教学讨论，学生在讨论过程中发散思维，能综合运用所学知识。常规课仅仅从基础知识上进行教学，一些重点研讨的问题仅能在短短的课上10分钟时间内讨论结束，并完成展示交流环节。因此，教学内容上，翻转课堂能更加深入、更能联系生活实际去重点讨论解决一些问题，并且能激发学生综合运用生活中的全部经验去解决问题。

（三）课堂组织形式不同

传统的课堂更强调教师的教和学生的学，在教师教的基础上，注重学生主动的学习，往往很有可能出现教师主导课堂、"满堂灌"的现象。教师对课堂知识的主导决定了学生只能被动地去学，虽然提倡教师的引导，并通过问题的设置，能调动起学生学习的欲望、培养学生的思维，但学生依旧被教师牵着鼻子走，跟着教师的脚步去学，而非绝对主动地学习，学生的主体地位并没有充分体现。因此，课堂组织者并未注重培养学生的探究能力，也并未用问题去启发学生，让学生养成科学探究的学习习惯。在这一点上，翻转课堂能促成学生独立思考，能在任务单的引导下让学生进行探究性学习，并结合已有生活经验进行综合性学习，且在这个过程中教师仅是一名引导者，学生学习主体地位突出。

另外，就翻转课堂的组织形式来看，有整堂课教师的教，有整堂课学生的尝试，有先尝试后教型，也有先教后尝试型。从以上四种教学组织形式来看，第一种无异于传统课堂，教师占课堂的绝对地位，学生被动学，却没有尝试，并没有突出地成长，但教学很方便。第二种突出了学生的尝试，学生的尝试经验能极大丰富，但是没有最终的知识提升，这种教学学生需要花费大量时间来完成学习，但能帮助学生形成获得知识体验的丰富性与感受实践探究的艰辛。第三种类似传统技术的产生结构，技术知识孕育于长期的实践中，再拓展为理论运用于实际，但目前还没有设计出符合这种形式的教学流程。第四种为国内普遍采用的翻转课堂流程，是经典的小罗伯特提出的翻转课堂形式，并经过多数国内专家论证采取的教学形式，这种形式能促成学生知识的掌握和探究。

（四）学习方式不同

翻转课堂的学生更注重主动地学，学生从课前开始就需要主动地去学习，教师无法监控学生课后是否学，所以对没有良好学习习惯的学生来说，课前学习是一个大问题，而传统课堂至少教师带着所有学生去学习一遍知识。翻转课堂能极好地保证每一名学生都在任务单的指导下去展开思考。在多次尝试翻转课中，开小差的学生达到了绝对的零；而在传统课堂中，教师在讲课的同时，需要关注学生是否在专心听讲，还要用问题引导学生去思考，这是一个费时费力的教学过程，而且学生自身的学习兴趣也没有被激发出来，学习缺乏内驱力。因此，翻转课堂实施中，课前需要家校配合，养成学生良好学习习惯，是一个培养学生主动学习主动探究的良好学习环境。翻转课堂特别重视学生的讨论探究与反馈，每节课会专门设置时间给尽量多的小组展示他们的观点，并让大家去学会质疑。这一方面能巩固学生所学，去综合自己已有经验，建立新知识体系，展示小组的合作；另一方面，学生的质疑、学生互相之间观点的碰撞，本身也能极大地丰富知识，相较于传统课堂，知识体系能构建得更为庞大。传统课堂所有的一切都是老师课前设计好的，相较来说，知识是固定死的，观点是固定死的，学生一节课学完后，结论永远只有一个，并不利于学生的发散思维，不利于学生知识体系的扩建。

二、翻转课堂体现"以学生为中心"的教学理念

翻转课堂教学模式是互联网发展和教学资源开放时代的产物，是替代传统教学模式以学生为问题主导的一种新型教学模式。它需要教师在充分设计课堂教学内容的基础上，把学习和讲授的主动权交给学生，让学生带着挑战性问题来完成课堂教学内容的一种学生自主学习的教学模式。这种教学模式不仅仅让学生自主学习、自主地发现问题和解决问题，也可以通过团队协调完成，并实现教师与学生的课堂互动，其宗旨恰好与"以学生为中心"的教学理念相契合。由此，巧用翻转课程这一教学模式对实现"以学生为中心"这种课堂有效教学观具有重要的促进意义。

然而，如何将翻转课堂模式更好地运用到"以学生为中心"的课堂教学活动中，掌握其教学模式设计尤其是对课程内容的熟练及掌握程度是相当重

要的。此外，学生也需要对课程的教学内容有所了解，如果将学生不熟悉的课堂教学内容进行翻转课堂模式教学，不仅不能有效地实现教师答疑解惑，还有可能会打乱教师的教学进度或其他教学活动的开展。探讨翻转课堂教学模式的合理使用，为更好地实现"以学生为中心"提供有价值的参考资料奠定基础。

（一）"以学生为中心"教学理念的提出

"以学生为中心"教学理念的提出，为课堂教学改革提供了方向和理论依据。由此，"以学生为中心"的课堂教学理念，不仅厘清了课堂教学"以学生为中心"的发展思路，也完善了"以学生为中心"的支持环境。可见，"以学生为中心"的教育是现代办学思想的体现和落实。

（二）翻转课堂的教学模式设计

1.挑选适合翻转的课堂内容

"以学生为中心"教育的实施和实现需要合理的教学设计和合理的教学模式。其中翻转课堂的使用即是实现"以学生为中心"的教学模式之一。翻转课堂教学方法起源于国外，是教学手段在科技高速发展情况下的产物，也是20世纪基于良好的网络通信条件而出现的一种新型教学技术和方法。

翻转课堂即教师设计的课后问题在课堂中出现的教学方法。该方法的实施与"以学生为中心"的教学理念相符合。如果课堂中解决课程内容出现的问题，需要学生对课程内容熟悉并掌握，而且能够提出他们对课程内容不理解或不能消化的知识内容。这样即需要教师在课前或课后设计好以学生为自主学习的知识内容，让学生可以通过网络课堂学习和查询，或者通过文献资料等进行阅读，以自身的知识水平来理解教师安排的课程内容。然后在课堂中与教师以充分的时间来探讨和解决这些知识内容中不被学生消化或理解的知识重点或难点，而且还能结合知识进行拓展，以开阔学生的知识视野，同时使学生真正学习到知识并且能够吸收并达到学以致用的效果。与传统的教师为主的讲授相比，其课堂教学将得到显著的效果。因此，翻转课堂的教学设计需要教师能够在充分了解自己所授课学生的知识水准的基础上，对自己所教内容设计挑战式教学问题，给学生安排课程中学生应该掌握的内容，从而不仅提高学生对知识学习的积极性，也会提高学生自主学习的主动性。课堂问题的探讨和融洽的学习气氛也会缩短教师与学生的距离，从而激发学生学习的兴趣。

2.课程内容翻转案例

实施翻转课堂，需要对课程内容进行精心打造和加工，教师先对课程内容所能覆盖和涉及的知识点及课程内容信息量等进行深入的探求和揣摩，然后了解学生能够通过哪些渠道给予这部分知识内容资料的查阅和知识的积累，大概了解后才能做到有的放矢。

3.翻转课堂的课程评价

翻转课堂教学模式通过课前、课中和课后教学的设计，辅助合适的教学平台软件，是实现"以学生为中心"的教学方法的科学评价教学模式。因为辅助教学平台软件将会记录学生课前自主学习的情况，教学平台软件会推送视频和网络链接；也可以是通过问题式设置给学生学习知识内容先设立疑问知识点集中学习，然后在课中拓展学生知识的运用，这些均能在教学平台软件上获得科学的评价数据和评价体系，然后结合课后学生对问题及拓展知识内容的完成情况，得出学生翻转课堂最终的评价成绩。由此，翻转课堂可以实现科学评价学生的学习情况，同时反映学生课堂学习效果，这对于"以学生为中心"教学理念的实施奠定坚实的基础。翻转课堂能够得以顺利实施和科学性的评价，其采用的教学方法和手段即应用网络工具和计算机技术，因此翻转课堂的教学评价是客观的，可以被学生和教师接受和认可的，其教学模式的设计和实施即是客观教学评价的逐步体现。

（三）巧用翻转课堂实现"以学生为中心"的教学理念

随着计算机网络技术和教育资源开放与共享理念的发展，翻转课堂成为各高校教师进行课堂改革应用的重要教学手段，它拥有突破学习场所的空间和时间限制，颠倒传统课堂的课上、课后的学习内容和活动的特点，以重塑师生关系、促进学生的有效学习、促进学生的高阶思维等优势，吸引着高校改革的推动者和创新者以及热衷于课堂教学改革的广大教师的参与。

与此同时，翻转课堂在替代传统"一言堂"的形式基础上，将学习的主体和重心转移到学生身上，以学生自主学习为重点，通过学生自主地浏览、阅读和研讨，提高学生对知识的自学能力和分析能力，然后再经教师的答疑解惑，让学生更深入地了解和掌握所学的知识。同时，教师也有更充分的时间拓宽知识面，将知识更加深入浅出地输送给学生，从而有效地提高课堂教学质量。这与"以学生为中心"的教学理念和教学方法相统一，而且通过学生自主学习，激发学生对知识的求知和认知，良好的引导和教学设计会让学生将知识牢牢记在心里。

翻转课堂的实施需要教师对课程内容进行精心设计和探讨，找寻可以激发学生兴趣的知识点，并通过合理的知识架构和课后的问题布置，实现"以学生为中心"，即学生自主地学习知识，真正掌握这些专业知识，从而让学生对这些知识的学习充满兴趣，为接受后面的知识打下基础。如此，对提高学生对其他相关专业的学习兴趣方面奠定良好的知识基础。可见，巧用翻转课堂不仅实现了"以学生为中心"的教学理念，同时也充分提高了学生对知识的渴求，拓宽了学生的视野。

（四）精进教师队伍，充分发挥翻转课堂的优势

1. 翻转课堂教学模式需要精进的教师队伍

翻转课堂是实现"以学生为中心"教学理念的显著方法和手段，其实施的关键在于进行教学设计的主体——教师。只有精进的教师才能选择精进的教学方法和手段，拥有崭新的教学理念和教学思想，跟进教学改革的步伐，这样的教师才能将翻转课堂更巧妙地运用于课堂教学之中。由此，精进教师队伍，改革教师自身思想观念很重要。在互联网教学平台丰富发展的时代，教学资源的开放和共享更多给教师使用的改革阶段，教师如果仍然根植于

"满堂灌""一言堂"或者"填鸭式",没有与学生的主动参与或师生的互动,也没有先进教学平台软件和教学手段的运用,那么实现"以学生为中心"的教学理念是比较难以得到满意的效果的。因此,精进教师队伍才能让翻转课堂教学模式和手段运用到课堂实际之中去。

2. 翻转课堂教学模式需要良好的教学环境

翻转课堂的运用不仅需要精进的教师队伍,也需要良好的教学环境。教学改革促进各高校建设了智慧课堂,通过智慧课堂,每位教师均受到多次培训和锻炼。精进教师队伍和改善教学环境是各个高校正在进行的。当前,很多高校不仅设置了良好的教学环境,也为许多青年和骨干教师在智慧课堂进行了多次比赛和培训。比如,参加教育部或高校教师联盟的教学基本功或申请混合式模式教学的培训等;课程思政改革方面,可以对教师队伍进行培训和教学项目的申报等;通过每一届的青年教师竞赛等提高和选拔在教学中表现突出的教师作为榜样和标杆,同时选拔优秀教师成立教学专家组或督导组,举办集中听课等项教学活动,其主旨均在精进我们的教师队伍,让教师在不断锤炼中改变自身的教学观念,更新自己的教学方法和手段,精心设计自己的每一堂课,并找到适合自己的教学平台或教学手段,从而让学生和教师均有充足的时间去掌握和认知课程教学内容知识,充分实现"以学生为中心"的核心教学理念。

高校教学改革在前行,翻转课堂的运用将会逐渐走向大众视野,实现"以学生为中心"的教学理念需要每一位教师实现落实。教学改革不是一朝一夕即可完成的,各高校教师均能接受改革并实践也不是一时之间可以实现的,这些均需要大家共同努力。培养中国特色社会主义接班人是我们教师的职责,巧用翻转课堂教学模式实现"以学生为中心"的教学理念,需要我们教师精心来实现和打造。

第四节 翻转课堂应用于高校英语教学的意义与对策

一、翻转课堂应用于高校英语教学改革的现实意义

在高校英语教学改革中,应用翻转课堂教学模式既是对传统教学的突破,也是顺应新时代高校育人工作的创新,为此有着深远的意义和现实价值。

首先,在高校英语教学实践中,通过使用翻转课堂,可以全面激发学生的学习兴趣,帮助学生有计划地自主完成相关的学习任务,教师只需要做好与之对应的指导与答疑即可。由此可见,翻转课堂能够最大限度地挖掘学生英语学习的潜力,助力学生更好、更高效地掌握相关的知识,从而促进学生的全面发展。

其次,翻转课堂教学模式注重课前准备环节,需要英语教师在课前强化教学资源设计,将精心整理的要点制作成小视频,从而让学生更加直观并有针对性地学习。通过营造新型的教学氛围和师生对话环境,不仅对于传统教育理念是一种巨大的冲击,而且可以全方位提供英语表达的机会和平台,一来促进了英语教育理念的不断更新升级,二来锻炼了学生的英语应用水平。

最后,在信息技术高速发展的今天,引入翻转课堂教学模式必然离不开科技手段的支持。在翻转课堂中,绝大多数的信息资源和知识传递需要相应的技术设备,这就有助于学生掌握最新的教育理念和资源,拓展学生的知识面,实现问题的逆向探讨,进而全面跟上时代发展的潮流。

二、翻转课堂模式助力高校英语教学改革的对策

（一）积极发掘筛选优质教学资源，实现英语教学内容的精准融入

首先，为了发挥翻转课堂的核心优势，高校英语教师应该积极发掘筛选优质教学资源，加强对教学视频的开发设计和制作，以期有效匹配学生对重难点知识的学习需求。高校英语教师需要在课前做好学情分析，结合教学目标和任务导向，精心准备制作学生感兴趣的内容，确保学生可以通过教学视频受益匪浅。在挖掘优质教学资源的过程中，需要英语教师做好统筹规划管理。由于高校英语教学知识跨度大，所涉及的知识领域也比较宽泛，其内容十分繁杂多样，这与其他理科课程教学表现出明显的差异。为此，高校英语教师应基于教育学原理视角，将内在且具有关联性的教学内容进行衔接，从而创设真实的英语生活学习场景，以期全面激发学生的学习兴趣。

其次，教师在设计翻转课堂教育模式中，还应该注意加强教学内容的筛选，通过制作精美的课件，尽量展示翻转课堂的新鲜元素。教学资源选择要力争联系实际生活，从学生的兴趣出发，按照学生的学习进度和状态，紧密联系课堂教学内容，助力学生深入了解英语知识。

最后，高校英语教师在应用翻转课堂模式的过程中，需要立足于教育心理学理念，科学地设计教学视频。一般来讲教学视频内容以10分钟为宜，如果时间过长将会让学生产生一种疲劳感，甚至出现抵触情绪，时间过少的话，也不利于学生深刻感知印象的生成。为此，要求视频制作既要做到精练整合，还要能够在教学视频中具有关联性和逻辑性，以期实现英语教学内容的精准融入。

（二）注重学生的差异性，优化英语教学视频的制作

学生之间存在着个体差异性，这是共性，也是不容回避的问题。在翻转课堂教学模式下，高校英语教师应在课前充分掌握学生的基本情况，特别是

要了解学生的差异化学情，注重对学生因材施教的培养，这也是现代教育所追求的方向。

一方面，根据学生英语基础情况，制订与学情相匹配的教学目标，由此设计贴合学情的教学内容。一来要确保主题正确无误，二来要力争内容清晰明朗，从而带动学生更好地去学习。如果翻转课堂教学内容偏离学情，学生在自主学习过程中将会出现阻碍，不利于实现翻转课堂的预期教学目标。因此，高校英语教师应着重思考教学视频制作的针对性和实效性，避免过于繁杂或形式化优美，防止视频内容分散学生的注意力，以期更好地实现教学的持续性。

另一方面，高校英语教师还要重视教学视频的设计，以培养学生英语学科核心素养为抓手，针对学生的个别情况，利用问题引导、情境创设等手段。同时，根据教学需求合理调整教学计划，进行精准化、情景化教学设计，进一步创新视频的内容和形式，紧紧抓住英语教学的重点知识，优化英语教学视频的制作，将教学内容、学习任务和学习难题准确传达给学生。

（三）设计更为高效的课堂交互活动，突出学生的主体地位

高校英语教学改革的目的在于让学生通过自主学习、交互学习等方式，提升英语语言的实践能力。为此，在翻转课堂教学的引导过程中，要求教师以学生为主体，以问题为导向，致力于激发学生的探究和实践意识。

首先，高校英语教师可以采取小组合作学习形式，围绕课程教学内容和重难点，设计更为实效的课题交互活动，鼓励学生全员参与讨论，以期深入理解和掌握教师所讲内容。

其次，现如今大学生对于传统英语学习方式十分抵触，对于个性化学习行为十分向往。教师可以利用学生的好奇心理，在翻转课堂教学中开展游戏化教学活动，一是满足学生的娱乐心理，实现内在情绪的释放；二是激发学生的思维能动性，让学生在轻松愉悦的氛围下高效地完成教学任务。无论何种教学形式的选择，都需要以学生为主体，不可脱离根本教学内容，否则翻转课堂表面看似活跃，但实则学生难以学有所获，这也脱离了翻转课堂教学模式的初衷，甚至与英语课程育人目标渐行渐远。

最后，高校英语教师应基于学生的实际英语水平、个人特点以及学习态度，设计不同形式的教学活动流程。例如，采取讲故事、英语演讲、故事接龙等方式，在特定情境下增强学生自主学习兴趣以及表现自我的欲望。这样不仅可以加强学习成果的交流，还有助于学生英语学习自信心的提升，为后续学习奠定坚实的基础。

此外，教师还可以采取小组合作的模式开展翻转课堂教学，根据教学任务分配小组成员，引导学生做好相关资料的收集和整理，之后让学生带着问题进行集中讨论和交流，共同研究解决教师所提问题的办法。由于组内成员英语水平各不一致，在合作学习的过程中，组内成员之间通过相互学习和分享学习技巧，既可以起到带动示范的作用，也可以让一些同学积极发现自身的不足，从而迎难而上地跟进。

（四）加强反思和评价，完善课后教学反馈与辅导

高校英语教师应加大对翻转课堂的课后反思与评价工作，这不仅是促进教师完善教学结构的有力举措，也是实现教学目标的必由之路。

首先，教师在翻转课堂教学中，除了做好引导者的角色任务之外，还要积极地对教学活动进行观察和发现，切实掌握学生在翻转课堂中的表现、态度和学习情况，这将是后续评价反馈的重要依据。

其次，高校英语教师应做好教学反思与记录，特别是针对学生集中于个别出现的问题，在给予必要和及时的帮助之外，还要深层次地反思问题出现的根源，以及如何应对的办法和举措。

最后，高校英语教师应将翻转课堂实践划分为三个阶段，即教学阶段、吸收理解阶段以及针对性辅导阶段。

除了做好集中性的答疑解惑之外，教师还需要针对个别学生提出的个性化问题进行辅导，这也是对学生敢于表达思想见解的一种鼓励，体现了教师对整体学情的全面把握。从个别现象的反馈中分析，教师也可以明晰教学中存在哪些短板或不足，从而在后续的教学设计、教学组织和教学统筹上进行针对性弥补和改进。此外，教师还需要将师评、生评和师生互评有机融合，积极引导学生进行课后广泛而深入的交流和讨论，以期全面掌握学生的学习

动态和教学情况，为后续翻转课堂的优化完善提供科学的决策依据，从而采取相应的动态化改进策略，最大限度地增强英语教学的实效性。

综上所述，随着信息时代的到来，翻转课堂对于广大高校师生来说已不再陌生。在高校英语教学中，应用翻转课堂既可以提升课程的针对性与互动性，让教学更具感染力，轻松实现师生角色的转变，还能够提供丰富的教学资源以及教学反馈与评价，极大地满足了学生个性化英语学习的需求。因此，高校英语教师应清晰地认识翻转课堂教学方式的优势，与时俱进地更新教学观念，突出学生的主体地位，不断优化设计英语课堂教学活动和制作英语教学视频，并专注于翻转课堂的创新，旨在推动应用型英语人才的高效培养。

第三章

翻转课堂在高校英语教学中的应用探索

信息技术快速发展，并日益深入社会生活的各个方面，在高校英语教学领域同样也不例外。高校英语词汇、语法知识教学与听、说、读、写、译基本技能教学以及文化教学是高校英语教学的重要组成部分，学生只有熟练掌握这些基本知识与技能，才能真正提高英语综合运用水平。通过翻转课堂展开英语教学，可以更好地提升高校英语各项知识与技能教学的效果。本章就来具体分析翻转课堂在高校英语教学中的应用。

第一节 翻转课堂在高校英语词汇教学中的应用

一、词汇传统学习和移动学习的不同之处

随着网络和智能手机的普及,移动词汇学习被越来越多师生的接受,这个学习方法就如同文化大变革,完全颠覆了传统词汇学习的方式,学习者可以使用移动设备进行随时随地的学习和交流。移动学习与传统的学习相比,虽然有其不足,但在教学实践中,对学生记忆单词、练习听力以及口语等会有很大帮助。其对比传统词汇学习特点我们给出如下几点进行鲜明对比:

(1)移动学习可以根据个人记忆单词的进度自动将不熟悉的单词进行筛选从而反复出现达到记忆深刻的效果,这就相当于对症下药,帮助现在大部分学生解决记忆困难等一些大问题。对比传统词汇学习,大部分学生可以摆脱记忆单词永远停留在开头单词的烦恼。

(2)移动学习可以给学生提供一些平台与更多的学习者进行PK交流,可以是国内学者,也可以是国外学者。[1]我们可以通过移动词汇学习进行英语词汇的巩固与研究,从而更轻松地加强英语单词的记忆,从探讨研究中发现不足并及时改正自己对某一单词领域不足之处,对比传统词汇学习就打破了一些学习的局限性。

(3)可以在网络平台开放更多的课堂教学,教师可以通过移动学习平台开放更多的英语单词学习渠道。不仅如此,学生和老师可以在移动学习平台

---

[1] 张晓丹.大学英语移动学习与传统学习的比较研究[J].卷宗,2018(6):56.

构建属于自己的班级并进行内部的英语单词研究讨论。对比传统的课堂上相互讨论，也就是互相之间的唠嗑，就很好地起到了强化记忆的效果。移动词汇学习平台既可以帮学生自主记忆单词，也可以做一只无形的手，帮助老师更好地掌握班级学生单词记忆的进度。

（4）移动学习的资源更加丰富，在传统的学习中，绝大部分学生按照大纲要求的教材来学习，而教材即使更新也会有一定的滞后性。在移动词汇学习模式中，高校学生除了学习教材的内容以外，还可以随时随地选择最新的内容来学习，充分发挥移动学习实时性的特点，使高校学生能够利用碎片化时间进行记忆英语单词，对比传统词汇学习，解决了除课本、字典以及课外教材的资源单一的问题。

（5）在移动词汇学习中，相对于传统英语教学模式而言，不仅丰富了学习活动的内容，学生学习的方式也变得较为自由。对于学习内容，学生可以自由安排，而对比传统词汇学习有截止时间等就有了时间充裕的明显优势。

（6）移动词汇学习可以随时随地获取大家学习中急需的词汇知识信息。目前为止，在高校校园中借助移动设备辅助英语学习已蔚然成风，学生可以利用移动学习快速获取自己想要的词汇意思及其用法等，对比传统词汇学习还要翻书问老师，这节省了大量的时间。

二、基于翻转课堂的高校英语词汇教学创新策略

（一）应用记忆词汇特色系统，使单词记忆更加简单

传统的背单词的方法总是枯燥且乏味的，而也正是由于这个原因，让许多高校学生都不愿意记单词。现在，移动学习采用了几种特色的背诵单词的方法，可以提高高校学生背诵单词的效率。

第一是情景结合记忆。在日常的生活中，许多学生在记单词的时候都喜欢把英语单词转换成自己的母语来记忆，而在高校英语的学习中，一个单词往往具有多个意思，因此需要将英语词汇放在特定的情境中去记忆。移动学

习在我们学习英语词汇时就提供了这样一个契机,如在利用某些 App 学习时,会给出一些例句以便于大家更好地背诵单词。所以,我们在利用移动学习习得英语词汇时,要学会情景结合。

第二是利用移动学习坚持记忆词汇,在生活中我们通常需要一次性记许多的单词,但这些单词数量多且难记忆,这会极大地打击同学们的自信心进而产生厌烦的心理,自然也就坚持不下去了。这时候我们就能用移动学习来记忆,在一些 App 中,大家可以设置自己一天所要记诵的数量,并找到适合自己的记忆方法。此外,我们一天只需要完成相关的内容即可,这样下去,既能坚持记忆,也能学到许多东西。

第三是移动学习应用记忆。学习的目的是更好地应用,学会正确应用英语词汇也能帮助高校学生快速记忆单词。目前为止,移动学习软件大多都会提供一些电影或动画片段让学生进行配音游戏,这样高校学生可以通过电影配音学习到更多实用的和新的词汇,也能帮助他们更好地理解记忆单词。

(二)借助新兴技术,激发学习兴趣,培养自主学习能力

在教学中将信息技术手段融入,能够将学生的学习兴趣激发出来,在一定程度上转变学生的固化思维模式。例如,我们可以看到很多学习词汇的App,这些App可以与课堂相连接,学生对词汇的音、形、义的理解可以通过网络在课下加以巩固,这不仅有助于提升学生的学习效率,也有助于让教师重视词汇知识教学的方法与手段,提高学生对词汇知识教学的认知。众所周知,课堂教学时间非常有限,教师可以提前在网络上发布任务,引导学生展开自主学习,不断发现教与学中的问题,并进行解决。

综上所述,翻转课堂学习打破了时间、距离、地域上的限制,在英语词汇的学习上更加地灵活多变、自主便利。高校学生可以把他们的移动端设备当作支持性的教育工具来使用,依据自身的学习特点制订不同的学习方法、学习策略,进行自主化、个性化学习,还可以让学生和老师更加开放地交流,及时得到学习的反馈,以便于老师及时调整和更新教学方法。随着互联网的迅猛发展和移动端设备的广泛普及和应用,高校学生通过翻转课堂学习高校英语词汇的占比只会越来越高,也能从翻转课堂学习中了解到更多的知识。

第二节 翻转课堂在高校英语语法教学中的应用

一、英语语法翻转课堂的模式介绍

在我国教授英语语法教学过程中，翻转模式主要包括两种：一方面是课堂上反转，是利用学生的上课时间来进行翻转；另一方面是进行家校翻转。

（一）课堂上翻转模式

课堂上翻转主要是能够利用课堂上的时间提升学生的学习兴趣，让学生通过设备来形成自学的习惯，因为对于翻转课堂来说，往往需要电脑、手机这样的设备。具体来说，课堂翻转要通过以下几个方面来进行：

首先是要做好课前准备，在进行课堂翻转时，教师就应该要提前根据教学内容登录平台上创建网络班级，这样就能够给学生分配任务，让学生通过输入自己的真实姓名或者是班级进行登录，能够及时地对录制的视频进行观看。

其次就是要进行科学备课，教师也要根据学生的表现情况、课堂进度以及多个方面来选定翻转课堂所需要学习的知识点，可以通过网站搜索一些合适的微课作为模板，或者也可以根据学生的接受程度来选择课本上更为适宜的翻转模式来进行录制，通过平台将学习内容进行布置、规划时间以及内容设计。

最后是学生通过自学结合课堂教学，让学生的英语得到有效提升，不断提升学生的主观能动性，养成良好的学习兴趣。教师要根据学生的情况来设置学生小组共同地商讨答案、讨论问题，同时在学生讨论的过程中，教师主要做一个倾听者和引导者，及时发现学生在思考过程中存在的一系列问题，并针对性予以解决，通过这种翻转模式能够有效解决学生学习过程中的问题。当然也会存在弊端，在这个过程中，教师观察是具备一定主观性的，难以客观反映出学生的学习情况。除此之外，由于学生自律性不高，因此也容易在这个过程中，让一些行为习惯不够好的学生更难以学习，同时在翻转过程中，更多的时间交给学生讨论，所以这也就进一步压缩了教师讲解学习内容的时间。

（二）家校翻转模式

通过这种模式能够结合学生自身的情况，在家自学，根据导学科的内容来针对性做好翻转。首先要做好课前准备，和上面表述相似，而不同的是将导学课的内容设置交给学生，收集学生的意见，根据教学目标来做好导学内容的改变和调整。在这个过程中学生在课后就能够进入到平台，自主学习教师设置的导学内容。其优势主要是学生能够随时随地自由地选择，学习时间给自己设定明确的目标和规划，而教师也能够将更多的时间放到课堂上，所以这种模式既给学生创造了有效的学习环境，也降低了教师的教学压力。如何检测这种模式的优劣更多的是要注重课堂反馈，在进行翻转过后，教师要及时收集学生的学习内容，通过批改，了解学生在这个过程中的学习情况，如通过作业了解到学生某一个题错误率较多，那就说明在这个方面或者是某一知识点并没有掌握，那么教师就可以针对某个知识点作进一步的讲解。所以，以这个角度上，教师能够通过学生的表现情况及时了解，并做出针对性改变，让教学评价更为具体也更为客观，能够做好时间上的分配。这样既能够让学生在翻转课堂上学习到更多的知识，同时也能够确保教师所讲的一些理论知识都有时间讲解，这也是最为接近理想方式的一种探索。

（三）两种翻转模式的对比

通过上述两种翻转模式进行对比判断，二者各有各的优势，各有各的特色，当然也会存在各自的不足。而笔者更倾向于后面的翻转模式，家校翻转模式也更适合当下的教育理念，能够切合学生的学习兴趣以及学习规律，而且也更好地帮助教师，在授课的过程中及时发现学生现存的问题，并针对性做出改善，有效提升学生的英语成绩和学习习惯。通过这种模式也能够看出教师，根据学生的反馈难点，针对性做出讲解，根据学生的情况，探索出更为合适的提升环节。相比于课堂上的翻转模式，家校的翻转模式能够合理地利用好时间优化课堂结构，提升课堂的教学效果。

二、英语语法翻转课堂的运用策略

（一）英语语法翻转课堂的优势

在高校英语教学工作中，语法教学是其中最为重要的组成部分，语法教学的质量在一定程度上决定了高校英语教学工作的实效性，对于高校学生英语学科综合能力的形成具有至关重要的影响。而翻转课堂教学模式充分注重学生的主体性，致力于在课堂教学阶段引导学生通过自主学习与自主探究的形式展开高校英语语法相关知识的学习与探索，因此能够取得良好的教学工作效果，促进高校英语语法课堂教学工作井然有序地向前推进。

所以，在高校英语语法教学工作中将翻转课堂教学模式融入其中成为一项至关重要的教学策略。通过该项举措能够有效保障高校英语语法教学过程顺利展开，且能够基于翻转课堂教学理念逐步推动高校英语语法课堂教学的创新改革，使学生能够在教师的正确性引导之下形成对于语法相关知识的认知与理解，切实提升学生学习质量以及效率的同时也能够有效激发学生对待英语语法学习的主观能动性，使学生更加积极、自主地参与到每一次的英语语法学习之中；切实优化高校英语语法教学工作的质量以及效率，从而助力高校学生通过持续不断的自主学习与自主探究形成良好的英语语言能力，优化高校英语教学工作的实效性。

翻转课堂不是简单的教学流程颠倒，而是让学生在课前自主学习英语的基础上，与教师、同学进行充分互动，符合学生的认知规律，进一步优化学生英语学习效果。英语语法是非常重要的，它主要侧重于阅读理解能力和写作，学习语法以后会使你的阅读更加顺畅，对分析句子结构，理解文意都是在学生理解语法的基础上来进行的。翻转课堂以学生为主体，自主学习、合理安排学习计划。学生在家进行学习，做好课前预习，通过观看教学的微视频，了解所学内容中的重难点知识和概念。在班级中和同学进行交流互动，到校一起做作业，教师与学生，小组与小组之间通过发现问题及时讨论，互相探究和交流解决问题，教师在学生旁边给予指导，让学生的学习更加积极主动，这就是翻转课堂的意义。

1. 提升课堂的互动，促进交流与合作

翻转课堂不仅能加强师生、生生之间的互动交流，提高学生的自主学习能力，还积极有效地促进了学生混合式学习方式。英语作为一门重要的语言学科，翻转课堂能有效引导学生用英语来进行课堂的互动交流，学生通过英语学习小组的团队协作，形成了学生与学生之间的交流互动，提升学生的参与感；通过学习小组与学习小组的讨论碰撞，激发全班学生的学习兴趣，这无形之中，增强了全班学生的互动性，提高了英语课堂的教学效率。在学生完成作业之后，可能会有部分学生为相似或相同的英语问题所困扰，教师就可以有针对性地进行辅导，并给予指导，这又进一步促进了教师与学生之间的互动交流。

2. 合理安排时间，突出学生的主体性

翻转课堂进一步明确了学生的主体地位，教师从传统的传授者转变为引导者，在英语翻转课堂教学模式中，学生通过课前预习完成自主学习，为英语课堂教学留出了充足的小组合作学习及师生交流互动的时间。充足的时间和高效率的学习是提高学生成绩的关键所在，学生在英语课堂开展小组合作学习探究，进一步巩固了学生的自主学习效果，学生从传统的课堂跟随者转为提问者，学生将课前学习中遇到的问题在英语课堂上讨论解决，小组无法自行解决的问题则向教师提问，使学生有针对性地学习英语语法内容。

3. 精讲多学，激发学生自主学习兴趣

传统课堂讲解时间较长，语法教学是一个重难点，灌输式讲解只会让学生感到疲惫不堪，很多学生对英语语法望而却步，从心理上较为抵触学习。翻转课堂能有效解决此问题，精减授课时间，学生就会有大部分自主学习时间投入学习中，教师通过微视频录制，将词汇点、语法点等英语语法知识提前发布给学生，学生通过自主学习判断，找出自己的薄弱点，降低英语语法学习难度，对个别学生给予指导。同时，新颖有趣的微视频让学生能有效激发学生学习语法的兴趣。

（二）英语语法翻转课堂教学模式的具体运用

在高校英语语法教学工作中需要教师加强对于教学过程的分析以及研究，以推动课堂教学创新改革为导向，综合性运用翻转课堂教学模式推进课堂进程，逐步引导高校英语语法教学工作的顺利展开，使学生能够在高校英语语法课堂中充分展现出积极性与主动性，从而有效提升高校英语语法课堂教学的质量，保障各个授课环节以及流程能够有条不紊地向前推进，从而帮助学生形成良好的自主学习与自主探究习惯，优化高校英语语法教学工作水平。总结来讲，教师在展开高校英语语法教学工作阶段可以适当性从以下几个方面展开对翻转课堂教学模式的综合运用。

1. 转变教师教学观念

为了进一步促进高校英语教学工作顺利展开，提升高校英语语法教学工作的质量以及实效性，首要任务便是教师群体加速转变教学观念，从而通过持续不断的学习以及研究加强对翻转课堂教学模式的认知与了解，并且注重在展开高校英语语法教学工作阶段运用翻转课堂教学模式，从而在高校英语语法课堂中充分注重突出学生主体性，持续性促进高校英语语法课堂教学进程的顺利展开，提升教学工作的质量以及实效性。在实际中，要求高校英语教师持续性加强自身的学习以及研究，通过参考文献调研以及参与学术讨论会等方面形式借鉴行业内其他优秀教师的教学模式，学习如何在高校英语语法教学中构建起翻转课堂教学模式，致力于转变教学观念，从而促进高校英语语法教学工作能够有条不紊地向前推进。

其次，同样也需要高校范围之内教师加强授课经验的相互分享以及讨论，周期性召开教师讨论大会，各位教师针对翻转课堂教学模式的经验与想法进行交流，这样可以使教师之间达到相互促进、互相帮助的效果，共同推进高校英语语法翻转课堂教学模式顺利展开。

最后，同样需要在教师编写授课计划阶段加强思考，各个教师之间互相讨论如何利用本学校内各项教学资源配套构建起更加完善的翻转课堂教学模式，逐步推动高校英语语法教学工作更具条理性与层次感，从而使高校范围内英语教师逐步转变教学观念，优化高校英语语法教学工作质量，充分开发出翻转课堂教学模式的价值与作用，提升高校英语语法教学工作的质量以及实效性。

2. 找准翻转课堂教学重点

在高校英语语法教学中采用翻转课堂教学模式具有较大的灵活性，能够在其中融入多元化教学手段，从而使高校英语语法课堂内容更加丰富，逐步引导学生加强对于高校英语语法相关知识的记忆与理解。而在实际展开教学工作阶段，教师需要充分注重找准翻转课堂的教学重点，这样才能保障高校英语语法课堂教学井然有序地向前推进，并且逐步强化教学工作质量，提升翻转课堂教学模式所取得的成效。在实际教学中，教师需要在构建翻转课堂教学模式阶段将引导与激发学生的主动性作为课堂教学重点，致力于摸索创新型课堂教学流程、革新课堂教学形式，从而保障翻转课堂教学能够井然有序地向前推进。除此之外，教师同样也需要注重找好课堂教学定位，在展开高校英语语法课堂阶段，需要教师充分发挥出自身的辅助作用，引导学生展开自主学习与自主探究，在学生产生疑问的过程当中可以适当性给予学生答疑解惑，让学生能够通过自主探究与学习的方式逐步解决在学习中所存在的问题，锻炼学生思考问题与解决问题的能力，帮助学生在持续不断的学习以及深层次思考当中达到融会贯通的学习效果，切实提升高校英语语法教学工作的质量。

3. 强化教师群体信息技术能力

在构建高校英语语法翻转课堂教学模式阶段，教师群体能否充分发挥出作用决定了课堂教学的成效，因此需要着重强化教师群体的信息技术能力，从而在翻转课堂教学模式中综合性运用信息技术推进课堂进程，帮助学生深刻理解高校英语语法相关知识点，并且通过自主学习与探究的形式形成对于语法知识的深刻记忆，逐步将英语语法知识转化到英语这一门语言的运用当中，从而形成良好的英语语言能力。在实际教学中，教师群体需要加强对于信息技术的学习以及研究，致力于在课堂教学阶段综合性运用信息化技术展开教学，通过班级当中的多媒体教学设备适当播放微课视频或者是以思维导图的形式推进课堂进程，让学生在自主学习阶段更具条理性与层次感。例如，教师可以根据当前高校英语语法课程教学需求而制订相应的学习计划，充分利用业余时间展开专业知识学习，主动探索如何在翻转课堂教学模式当中运用信息化技术，加强对于信息化技术基础知识以及操作技能的掌握，从而在高校英语语法翻转课堂教学模式中综合运用信息技术展开课堂各个模块，确保各个课堂教学模块之间平稳过渡，有效提升高校英语语法课堂教学质量以及实效性。而通过以上过程则可以有效强化教师群体的信息技术能力，使之能够胜任高校英语语法翻转课堂教学，有效促进教学工作质量以及效率的不断优化，保障高校英语语法课堂教学取得更加优良的成效。

4.注重突出学生主体地位

注重突出学生的主体地位在高校英语语法课堂教学中具有至关重要的作用，只有充分突出学生的主体地位才能保障高校英语语法课堂教学顺利展开，从而在提升课堂教学效率以及水平的同时有效培养学生英语学科综合能力。在实际中，教师首先需要深入分析以及探索如何有效构建翻转课堂模式，围绕学生设计规划各个课堂教学环节与流程，致力于强化各个课堂教学环节与流程的有效性，保障课堂教学环节能够顺利进行。

与此同时，在高校英语语法课堂中也要致力于引导学生展开自主学习，如教师可以在课堂之中适当性抛出问题引导学生展开思考，让学生在思考问题阶段逐步探索以及分析如何综合性运用高校英语语法知识解决问题，加强学生对于各处语法知识的掌握，使之充分明确各处语法知识如何投入实践应用，从而将语法知识与英语这一门语言的应用之间相互联系起来，有效锻炼学生的学习成效，促进高校英语语法课程教学井然有序地向前推进。

与此同时，教师也需要充分注重关注学生的个体化差异，根据学生的个体化情况展开差异化教学，有效融入因材施教的教育理念，这样不但可以促使翻转课堂教学模式顺利展开，同样也能够充分突出学生主体地位，使学生通过自主学习与探究的形式展开高校英语语法课程各出知识的深入探索，从而有效培养学生的英语学科综合能力。

综上所述，在高校英语语法课程教学中，需要教师加强精力投入，致力于在其中融入翻转课堂教学模式，以翻转课堂教学模式突出学生主体地位，一改传统模式下以教师为主导的课堂形式，从而有效激发学生对于大学英语语法课堂的积极性与主动性，使学生能够在持续不断的学习以及深入探索中加强对于各处语法知识的认知与了解，进而逐步促进学生形成良好的语言能力，优化高校英语语法教学工作的水平。

（三）翻转课堂运用于英语语法教学的改进方法

1. 教学前要准备充分

在新时期更要注重英语教学的新方法，合理地运用好翻转课堂，做好语法教学改进。具体来说，要做好课前准备，在教学过后也要根据学生的表现做出更针对性的分析，不断优化教学评价机制。在课堂准备阶段，教师要对于学习方面的素材以及学习资料都要做好充分的筛选，因为学生的接受程度以及英语的难度都是不同的，所以所选择的导学素材要贴合教材。同时，作为第二语言英语和汉语学习本身就有很大不同，第二语言学习难度是非常大的，所以在英语教学过程中，使得很多学生由于难度望而却步，降低了学习的积极性，所以在选择素材过程中，也更应该要贴合学生的兴趣，以此为切入点，提高素材的趣味性，可以和日常生活或者是学生的喜好相挂钩，这样不仅能够满足学生的学习习惯，同时也能够最大限度提升他们的兴趣，有利于提高学生的英语应用能力。在课堂语法教学中，教师就可以给学生设置教学例子，让学生自主地通过例子来总结知识，帮助学生养成良好的学习习惯，根据学生的具体情况设置学习活动，这样才能够既确保教育的针对性，又能够提升学生的学习积极性。

2. 教学后要针对性分析

要优化教学评价机制，翻转课堂和传统的教育模式还存在差异，最主要的是学生在学习过程中对翻转课堂的重视程度不同，存在部分学生忽略了这种教育模式的重要性。所以要不断完善当下语法教学的评价体系，在整个教育过程中更要重视的是教学的方式方法，而不是单纯的结果评价，这样才能够让学生意识到这种教育模式的重要性和必不可少性。所以教师在翻转课堂中应常态化进行了解和接受反馈，这样既能够及时了解学生在课堂中的表现以及接受程度，同时及时发现翻转课堂设计的不足之处，以不断提升学生的兴趣，深化教育模式，优化教学内容，充分发挥教学评价体制的优势，使得翻转课堂在英语语法教学中的作用更加明显。

3. 优化教学评价机制

在充足的教学准备过后就要做好课后反思，这也是整个教学阶段中最为重要的组成部分之一，因为我国翻转课堂还处于探索阶段，所以对于这样的一种新型的教学模式，很多教师是刚刚接触的，也会存在短板和不足。部分教师虽然对于翻转课堂有一定的理解和经验，但毕竟这是一种新的教学模式，教师或多或少地会在实践过程中出现一些问题，所以在课堂翻转结束之后，教师就应该根据翻转课堂的具体表现情况以及学生的反馈程度来做出针对性总结和改进。

第三节 翻转课堂在高校英语听说教学中的应用

一、翻转课堂在高校英语听力教学中的应用

（一）英语听力翻转课堂的应用原则

1. 任务驱动式原则

英语是一门应用性较强的课程，所以英语学科的听力教学与其他学科的

教学形式是不同的，它需要进行大量的声音练习，得知英语词汇的正确发音，熟知听力材料所表达的含义。因此，英语听力课程的教学成果不在于老师理论知识的传授，而在于学生能够真正地听懂、理解自己所听到的声音，并且及时做出相应的反馈，所以在英语听力教学的过程中应用翻转课堂教学模式最为合适。教师应该先为学生布置相应的听力任务，让学生利用课余时间进行反复的练习，这样学生就会逐渐理解相应的听力材料。这种方式不仅不会浪费英语课程的教学时间，反而能够有效地提升学生的听力水准。

2. 内容多元化原则

翻转课堂教学模式的应用使英语听力教学的时间有所延伸，教师在实际的教学中不再局限于课本内容。学生在课前就对新知识有了初步的认识，所以，在英语听力课堂上教师就只需要解答学生在自主学习过程中留下的问题，这样英语课程就成了学生多元化发展的有效渠道。其实任何学科的学习都不应该只是知识的单一化灌输，虽然英语听力课程的教学侧重点应该在学生听力水平提升上，但是学生所听到的听力材料中往往会涉及生活中的许多方面，如教育、体育、生态、自然环境、购物、医疗等。因此，英语教师可以通过合理地运用这些话题对学生进行适当引导，提升学生学习英语知识的积极性，丰富学生的见识，促进学生口语交际能力的发展。这种多元化的教学内容使英语课堂不再枯燥无趣，反而变得更加丰富多彩起来。学生在此过程中也能够主动地学习英语知识，提升自身的英语综合能力。

（二）英语听力翻转课堂的应用步骤

教育事业的发展要以创新教学理念为基础，以优化教学材料和建设信息化的教学环境为立足点，以创新教学方法和教学模式为核心。因此，翻转教学模式的成功应用主要在于它推翻了传统的教学理念，而英语教师在这里应该充分意识到英语听力教学不应该再让学生重复地听相应的听力材料，而应该让学生以更轻松、实用的形式在巩固之前学到的英语知识基础上，不断进行相应的拓展学习。教师在此过程中可以通过组织相应的学习活动来提升学生对英语知识的掌握情况，从而使学生能够更好地完成新知识的迁移和应用。当前，高校英语听力教学过程中应用翻转课堂教学模式都会经过以下步骤：

第一步，教师科学地运用相应的多媒体手段编辑相应的视频、音频教学资料。由于现阶段我国科学技术的发展，人们获取学习资料变得更加便利，大部分听力教材中都配备相应的影音光盘，这为听力教学的实施提供了较大的便利条件，教师只需要对影音光盘进行适当的编辑和剪辑，学生就能够享有丰富的听力教材。

第二步，英语教师在选择听力材料进行听力教学的过程中，应该尽量选择一些能够提取关键信息且自带热点话题的听力材料。这是因为当前社会所推崇的教育理念并不是以记忆能力的强弱来选择或者淘汰一部分人才，而是更加注重对人才批判性思维和创新意识的关注。因此，在英语听力教学过程中，教师应该牢记社会对人才的实际需求，深入挖掘听力材料所包含的热点话题，提升学生的认知能力，开阔学生的眼界。

第三步，组织多元化的课堂活动来检验学生的学习成果，促进学生自主学习能力的发展。虽然当前翻转课堂教学模式的应用使课堂新知识的学习变成了学生需要在课下完成的预习任务，但是英语课堂教学活动的组织依然是学生占据主导地位。教师在此过程中可以通过重复讲述、演讲、表演等形式来增强学生对听力材料的理解能力，丰富学生的文学素养，帮助学生形成健全的人格和品质。

第四步，阶段性地反思和总结。英语教师在教学后进行及时反思，能够找出自己在教学中的不足之后，提升自己的教学能力。但是在现实生活中，教学任务的压力和繁重的工作，使教师没有时间进行相应的教学反思。而在翻转课堂上，教师不仅有足够的时间进行相应的教学反思，而且还可以积极地参与到教学活动中，为良好师生关系的形成奠定良好的基础条件。英语教师在设计完翻转课堂的教学思路之后，就可以思考自己在教学中的不足之处，然后有针对性地解决教学过程中出现的问题，提升英语课堂的教学成效。

在翻转课堂教学模式下，学生能够灵活地进行相应的课前预习，教师通过适当的引导让学生以小组的形式进行激励的讨论。这种教学方式不仅能够给予学生表达自我的机会，而且还能够提升学生的英语听力能力。应用翻转课堂这一教学模式能够将教学的主导者变为学生，学生在教学过程中能够更加积极主动地表达自己的想法。教师也将单一的授课形式变得更加多元化，巧妙地运用了相应的多媒体设备展开相应的教学活动，促进了学生自主学习能力的发展，课堂氛围轻松愉快，这对教师和学生来说都是非常有益的。

（三）翻转课堂下培养学生英语听力能力的策略

1. 尊重学生主体性，注重学习兴趣激发

教师需要注重学习兴趣的激发，尊重学生在学习中的主体位置，从而提高教学的有效性、推动翻转课堂教学理念下英语听力教学的实践。在这种教学基础和背景下，可以合理利用创设教学情境这一教学手段。开展听力练习主要是促使学生树立听力练习的意识，将听力练习的主体位置让予学生，加强教师对于学生的听力训练意识，提高学生的英语听力能力具有非常重要的意义。听力教学的开展中注重学生主体不意味着教师的放手不管，相反，更要求教师从客观角度分析英语听力教学的本质。

2. 丰富英语听力听觉积累

英语听力提高是后天训练的结果，需要在英语听力教学实践中接受外部的刺激，所以学生可以通过多听、多看美剧和英语新闻播报以及教材录音等来增强自身英语听力能力。教师可以在课前课后，在班级里为学生播放一些英语新闻播报，或者比较有意思，但没有字幕的美剧片段，通过这种教学方式来引起学生的学习兴趣，从而让学生将自己的精力以及注意力投入英语听力学习过程中。除此之外，教师们也可以为学生推荐一些英文歌，或者引导学生多听英文歌，让学生的英语听力听觉积累得到进一步的丰富。

3. 创设训练环境

在英语听力教学实践中，一个良好的英语听力环境将会让教师的教学事半功倍。当教师在对学生进行英语听力教学或者向学生播放一些新闻类或者教材录音时，可以让学生进行跟读或者复述，让学生在跟读的过程中纠正自己的错误发音，从而让学生在听录音的时候，可以更加容易地分辨出英语单词的正确读音，促使学生的英语听力能够在"正确辨音"的基础上得到提高。为学生创设英语听力环境，就是为了让学生可以在英语听力教学实践过程中实现训练"自动化"。关于加强学生的单词发音方面来看，要想确保学生的英语听力基础。

首先，教师方面需要具有非常专业的教学水平，在向师性的引导下，学生会不自觉地去模仿教师的语调；其次，需要为学生提供良好的学习氛围和学习环境，尽可能多地去促进学生英语听力锻炼的积极性，让学生在不断地复习下以对发音的精准认知，保证学生听准、听清英语，从而正确理解听力内容。在传统的英语听力教学课堂中，教师只能进行单一、统一的教学，再加上英语听力并不像其他学科后者教学内容一样具有可以反复讲解的实践性，所以如果有一个学生没跟上老师的英语听力教学或者没听懂，教师也无法专门停下来为那位学生进行讲解，因为那样太耗费时间，这时教师就可以利用信息技术与多媒体教学设备为学生播放相应的教材录音，教材录音教学与传统教学不一样，教师们可以通过操作教学设备，来让教材录音达到具有可支配性，如果学生哪里没听懂，就可以让教材录音"停"下来，也可以让将听不懂的某一句循环播放很多遍，直至学生听懂、理解了教学内容为止。这种教学效果对学生产生了巨大的影响，因为学生在听英语教材录音时所产生的问题都可以通过暂停或者循环播放而得到及时的解决。学生在这种学习环境中，则可以通过在短时间内对自己的听力能力进行训练，并让自身的听力能力得到提高。

4. 循序渐进，反复训练

英语听力教学和其他学科不同，英语听力教学具有针对性强，反复性强以及抽象性强的特点。在教学过程中，要妥善利用英语听力教学的针对性来循序渐进地进行教学。在英语听力教学实践中提升自身的英语听力能力，需要进行反复训练，只有每天坚持练习，从易到难，从浅到深，一步步地练习，才能收到良好的训练效果。英语听力教学是一个长期的过程，各类英语听力 App 是当前较为流行的现代信息化教学手段，对学生有着较高的适配性，应该注重有效地发挥出这一工具的积极作用，保证英语听力教学的进一步发展。方便快捷的 App 可以基于移动媒体实现方便、快捷、随时随地进行英语听力练习。例如,借助"轻听英语""扇贝听力"等 App,教师就可以引导学生自由练习、反复强化训练,同时掌握听力技巧,如果只是单一地去试图记忆、重述这些听力内容,学生可能很快就要把听到的前后内容忘记了,但基于大量听力训练,学生就能快速提取关键词,掌握一段内容的核心部分,有效实现听力能力的进步。课堂教学是教育重点所在,是学校教学工作的重心所在,随着社会的不断发展,改革旧的教学模式、和谐英语听力教学已成为广大英语教师共同关注的问题,人们对课堂效果追求越来越高。翻转课堂的开展,落实了新课标、深化素质教育以及"以生为本"教育理念,促使学生全面发展。在实施翻转课堂的同时,也要兼顾学生英语听力能力的培养,将每一个教学目标都置于培养学生英语听力能力的基础之上,鼓励学生多听、多练,让学生在不断地学习中获得成就感与自信心,促使学生听力能力的进一步发展。英语听力能力培养是可以在教学过程中通过各种教学方式实现的,但是在教学实践中,如何促进学生英语听力能力的进一步发展,仍然需要教师根据实际的教学情况来进行具体的制定。在学生的学习过程中,英语听力能力的培养对于学生来讲是非常重要的,它决定着学生能否进行有效的学习。教师应从多个角度重视培养学生的英语听力能力,以适应当下的教育要求,让学生成为一个合格的优秀人才。

二、翻转课堂在高校英语口语教学中的应用

(一)英语口语翻转课堂教学的优化策略

1. 逐步实现口语教学的网络化

新一代的高校学生是在网络时代生长起来的,他们熟悉各种网络环境和软件。在口语授课前,教师可以对所教授的班级任务完成制定新的规则:小组任务的展示不做细节约束,小组可以在课下排练,课堂现场展示,其他同学现场点评;亦可课下排练、录制,课堂播放,其他同学线上点评。相比课堂上直接展示任务,录播视频有以下优势:

（1）学生心理较为放松，可多次录制视频直到满意，避免课堂失误带来的尴尬，极大地提高了学生的自信。

（2）学生在视频中加入英文字幕，避免了课堂活动中因展示者发音不标准或声音小而导致许多学生听不懂的现象。课堂展示时没有话筒也使听众无法听清内容，所以往往展示者尽兴演出，而听众不知所云。

（3）在反馈方面，学生在网络上进行评价时，不论是文字评价或是语音评价显得比课堂更为活跃。比起线下口语课堂的点评活动，他们更喜欢在网络上发表观点，畅所欲言。

（4）在访谈或短剧表演中，课堂展示往往受到教室环境影响，学生很难进行不同场景转换。而录制视频时，学生可根据内容选择合适的场景进行录制，适当地化妆，准备合适的道具。

（5）节约课堂时间，提高课堂效率。网络播放视频减少了因课堂表演准备耽误的时间，或因课堂展示失误而耽误的时间，使得口语课堂更加有效。

（6）鼓励更多的学生以自愿的形式参与到口语活动中。由于班级人数多，课堂时间有限，每个小组派一个或几个代表展示，时间上已颇为紧张，不可能邀请所有学生参与，而网络展示可将课堂时间延伸至第二课堂，保证更多的学生参与到口语活动中。

目前，网络软件和硬件的成熟为口语课堂向网络转移提供了便利条件。网络的快速发展，电子设备的平价化为高校英语口语课程的网络化和翻转化提供了便利条件。价格优惠、功能多样的手机和电脑成为许多学生生活的标配，即使没有电脑、手机的功能也足以支撑口语课程任务的完成。网络上视频剪辑软件如爱剪辑、剪映、剪辑、快影等软件简单易掌握，功能强大，不仅可以录制、剪辑视频，还可用于英文影视剧片段配音的练习，特别是一些免费的软件更是深受学生的喜爱。高校英语口语活动的网络展示平台也百家齐放，微信群、QQ群、雨课堂、超星平台，甚至抖音都可作为展示学生口语任务的平台。教师可根据口语任务形式或课堂实际需求以及学生喜爱程度进行网络平台的选择。除了软件，学校硬件也在不断升级。智慧教室的运用使教师和学生、学生之间的交流更为流畅，信息沟通更为便捷，口语任务的传输和评价更为便利。

2.深化、优化翻转课堂的内容和形式

教学方法也需与时俱进，优化、深化翻转课堂，将学生的任务放置课下完成，课堂展示、点评互评，课下重新提交以便完善口语不足的良性循环。

第一，鉴于高校英语课程大部分都是大班授课，建议根据班级实际情况以3~8人为一小组，每次根据任务不同要求，派出一名或多名同学完成。力争每人至少有一个学期一次课堂展示的机会。小组活动更容易提高学生课堂翻转的参与度并且让学生感到更多的安全感，减少内向性格的不利影响。

第二，口语任务主题应该具有共性即形式可以多样化，但主题要保持一致。例如，将课堂主题的口语活动和每次课前五分钟的presentation口语活动进行了对比分析。为提供学生尽可能多的口语展示机会，每次英语课前2~3位同学分别对最近的新闻或生活中感兴趣的话题进行一分钟的播报或演讲。观察课前口语活动可发现，学生单独完成一个任务积极性不高，任务质量略带敷衍，上台展示时因紧张语速快，急切完成任务。而其他同学因并不提前知道演讲内容，无法跟上节奏，在展示之后的交流环节无法表述自己的观点，所以整个课前5分钟的口语活动效果并不理想。课堂主题的口语活动以统一主题为前提，学生选择不同形式，有更好的课堂效果。由此可见，只有任务主题一致，有所准备，大部分同学才会参与到此主题中，这样在后续观看任务展示环节才会产生共鸣，在点评环节才会有深刻的感受，课堂翻转才更加成功。相反，如果每次口语任务不做范围规定，只做形式一致的要求，那么就会出现学生观看时没有共鸣、点评时不积极的现象，课堂翻转无法展开。

第三，要将以往教师点评转为教师点评和学生互评相结合的形式，尽最大可能增加学生口语活动的参与度。课堂翻转就是要把学习的主动权交还给学生，把课堂的舞台转让给学生。教师在讨论和点评环节也应尽量淡化其指导功能。

第四，在评价和反馈过程中，对于我国高校学生口语中语音、语调、连读等问题的通病，教师可设计活动作为课堂翻转任务进行专项练习。对于各个小组中出现的非共性错误，教师可在网络展示平台进行点评。任务完成者在课下对作品作相应的调整，为完成下一个任务打好基础。

第五，完善的口语测评体系为英语口语教学的翻转提供保障。目前，流利说英语、扇贝口语、口语易、FIF等口语练习软件能够针对使用者的问题进行评分，以便使用者看到口语中存在的问题，有针对性地练习，从而提高口语水平。除了鼓励学生充分使用网络口语练习软件，在课堂上教师还可以发放口语评价表，让学生评价展示者的语音发音是否标准，语调是否正确，词汇和句型是否正确丰富，表达是否连贯。学生在使用这些标准评价同学时，也以此为鉴，按照标准提升自己的口语能力。

网络日益成熟的新时代为高校英语口语教学的改革提供了新的思路。在高校英语课时不断被挤压、提倡网络自主学习的大环境下，将高校英语教学网络化，可以使学生通过喜闻乐见的网络形式查找资料、交流心得、拍摄录制、播放探讨、完善修正，将口语教学从寥寥几个学时延伸到更多的课下自主学习，从时间上和空间上都给高校学生提供了更多的英语口语学习机会。教师精心设计翻转活动，将课堂时间充分利用，保障了学生能掌握更多的口语知识和自学能力。

（二）翻转课堂下培养学生英语口语能力的思路

面对如今英语口语教学的不良现状，为了提高学生的交流与表达能力，化解口语教学难题，推广翻转课堂模式，成为教师改变当前不良口语教学局面的重要措施，不过要把翻转课堂模式和口语教学结合起来，使得二者相互促进、彼此支持，就必须确立正确的思路。

第一，教师立足教学以及学生学习的实际情况，定期组织口语活动课程，使学生有机会和平台充分展示自身的学习成果。但只是给学生布置课前自主学习任务，不在课堂上进行必要的启发引导，不能算作真正意义的翻转教学。

第二，教师必须结合学生当前的口语学习情况动态调整口语教学内容与方案，面向学生制订出与不同层次学生相对应的口语水平目标，激发学生口语潜能，为教学活动开展提供方向指导。

第三，教师要指导学生在真实性的语言环境中运用英语语言进行合理表达，迎合学生的实际需要，促使学生用英语语言表达各自不同的观点与想法，让学生能够以此获得更大的成长进步空间。

第四，教学视频的制作必须做到重点突出。翻转课堂的教学视频要控制在10分钟之内，对课堂教学中的精华进行浓缩利用教学视频讲清重难点，为翻转课堂的有序开展提供综合支持。

第五，在教学过程中，教师必须及时针对学生的口语学习情况给予发展性评价以及及时的教学反馈。英语口语学习活动需要投入很长时间，不过效果产出相对较慢，于是需要教师重视学生的整体表现，肯定学生的闪光点与积极表现，以便根据教学中的不足之处提出改进建议，帮助学生克服口语学习中的难题。

（三）翻转课堂下培养学生英语口语能力的方法

1.科学制作微课导学案，做好课前指导

在教育信息化和"互联网+"教育的推动与支持之下，新型教学模式在英语教学中的应用推广具备了优质条件，尤其是为翻转课堂模式的应用带来了便利。微课是翻转课堂教学的核心内容与必不可少的知识载体，也在课前指导中发挥着积极作用。英语教师应该根据口语教学的重难点进行微课的录制工作，考虑学生的英语程度和水平，在微课中加入能够引起学生学习兴趣和吸引学生注意力的学习元素，让学生依托微课导学案，完成课前自主学习任务，形成良好学习习惯。

2.运用问题导学方法，组织课堂自主讨论

在翻转课堂教学模式的应用过程中，课堂自主讨论是其中的核心环节，这给学生带来了考验，同时也强调教师发挥自身的指导作用。教师必须根据学生微课预习效果安排后续的课堂讨论活动，激励学生对微课任务进行自主交流互动强化对文章的整体分析，并通过学生互问互答以及师生交流的方式完成整体教学任务。

3.用好教育云平台，构建智慧英语课堂

教育云是综合型在线教育平台，该平台的独特优势是汇聚国内诸多优质

教育资源，而且可以满足学校、教师、学生、家长等各方主体共同参与要求。英语教师可以利用教育云平台落实翻转课堂教学模式，给英语教学注入更多的智慧和智能色彩。教师可把微课上传至网络平台，学生在线观看视频并完成在线测试题，当然家长也可以参与其中，对整个过程进行监督和了解。

4. 采用多元教学评价，汇总翻转教学成果

翻转课堂模式是师生合作互动，强调线上与线下教学衔接，课堂和课下学习有机结合的新型教学方法。为了获得更加客观的教学反馈信息，了解学生的真实学习情况，给予学生耐心科学的指导，就必须重视教学评价的开展，通过多元化评价总结翻转课堂教学的实际成果，让英语口语教学质量得到提高。在英语口语翻转课堂教学的实施过程中，应该把教师评价、学生自评与学生互评的评价方法结合起来。学生是课堂主体，所以学生在评价环节也应该以主体身份参与其中。教师要给学生提供自我评价的机会，针对微课学习、课堂讨论、随堂测验等情况展开自评，也可以对教师的微课制作与课堂指导提出一定的建议。在学生互评过程中应该重点针对课堂发言、口语表达水平等情况互相点评，选出表现优异的学生给学生树立榜样，增强学生融入翻转课堂的积极性。在网络信息技术的普及应用背景下，不管是教育理念还是教育模式，都发生了极大的变化。翻转课堂模式就是这一环境下得到重视和广泛运用的新型教学手段，强调在教学中确立学生主体地位发挥学生主体能动性，让学生以主人翁角色投入各项学习活动中。英语口语教学的目标在于增强学生的语言应用能力，让学生通过有效获取与处理信息，实现充分的交流与表达。所以，口语教学重视学生主体地位的建立和能动性的发挥和翻转课堂模式具备高度一致性，将二者进行有效结合，可以改变传统育人模式，带动口语教育的创新发展。

第四节　翻转课堂在高校英语读写教学中的应用

一、翻转课堂在高校英语阅读教学中的应用

(一) 英语阅读翻转课堂应用方式分析

1.教师应该事先录制微视频

学生对英语阅读课程是否感兴趣，是否主动参与相关教学活动，直接影响其英语阅读课程的学习质量，且将影响翻转课堂下英语教学工作的开展效率。基于这一情况，教师应该从英语阅读教学内容入手，在课前准备相应的微视频，借此吸引学生注意力，使班级学生能在翻转课堂上自主探索、自主学习微视频内容。在录制、准备微视频的过程中，教师应该合理控制视频内容、视频时间。经实践得知，教师将微视频控制在15分钟，借此阅读课程中的重点、难点内容能给学生提供优质的英语阅读学习资料。为调动学生英语阅读学习的兴趣，教师还可以在视频内添加趣味动画、图片等。英语阅读课堂教学气氛将变得活跃，学生也能在微视频的帮助下，提升个人英语阅读课程学习兴趣，借此参与到相关学习活动当中。经实践发现，学生自主观看微视频，与小组同学、授课教师讨论、交流疑问问题，能使相关学生英语阅读学习质量显著改善。

2.教师应该主动和学生互动

为保证翻转课堂在当前英语阅读教育期间的应用质量，教师应该明确、发挥个人在课堂上的主导作用，密切关注班级学生课堂参与状态，并在学生自主学习、互相探讨的过程中，主动和学生进行有效互动，帮助学生解答疑难问题。目前，以上教学行为均得到落实。学生基于这一优质条件学习英语阅读课程，将在微视频帮助下完成自主学习任务，且将在教师指导下，解除疑惑，继续探究英语阅读课程。基于翻转课堂的英语阅读教学工作将因此顺

利开展，其开展质量也十分理想。

比如，教师在讲解新课程前，可以将班级学生按英语基础、性格能力等情况，分成几个小组。在过去的英语阅读教学中，教师会直接讲解课程内容，学生只是按要求强行记住课程内容。教师将学生分成小组，在此基础上应用翻转课堂教学模式进行授课，能使学生在互帮互助、互相探讨的过程中，全面了解、学习课程内容。值得注意的是，在学生小组探讨的过程中，教师应该鼓励学生勤于提问。教师会关注学生在翻转课堂中的参与状态，且会及时给予学生指导、帮助。经实践发现，学生主动提问，在疑惑时向教师寻求帮助，能使教师更快速地了解学生学习需求，教师有针对性地帮助学生找到思路，能使学生收获良多。

3. 教师应做好教学评价工作

在翻转课堂教学结束后，教师应该及时开展教学评价与总结工作。在这一环节，教师可以根据阅读课程内容、学生自身基础，给学生布置相应的作业。通过学生作业完成情况，教师能获知学生真实的学习情况，教师以此为参考，优化个人英语阅读教学方式，给学生提供针对性教育，能帮助学生完成英语阅读课程学习任务。在教学评价环节，教师还应该对学生在翻转课堂中的表现情况进行客观评价。经实践发现，教师综合对学生进行评价，引导学生优化个人英语阅读学习方式，能使相关学生在不断探索、尝试中，找到适合自己的英语阅读学习方法，在学习中锻炼、提升个人英语阅读能力。

从教师角度来说，在完成本堂课教学之后还应该进行深刻的反思，具体应该着重于以下三个方面：

第一，是否对教材进行了相应的延展，翻转课堂模式下选择的阅读素材学生是否感兴趣，具体可根据学生在各项课堂活动中表现出来的积极性和自主性做出判断。在这方面，要以培养学生形成良好的阅读习惯为目标。

第二，由传统教学模式转变为翻转课堂模式的过渡是否自然流畅，是否班级里的每一名学生都充分参与到了课堂活动中，小组合作学习和汇报展示环节的进行效果如何。在这一阶段，教师通过多元化的评价体系激活了学生的课堂体验，基本上每一名学生都从英语阅读中收获了知识，找到了乐趣。

第三，课堂气氛可以说是衡量英语翻转课堂质量的一项重要指标，但教师不应一味地注重氛围的营造,而是要在突出这种形式的同时密切关注学生对阅读文本的掌握情况,在必要情况下给予他们一定的指导和帮助,这样才能从根本上确保学生阅读质量。

(二)英语阅读翻转课堂应用注意事项

1. 配置完善、先进的技术设备

教师在技术设备的帮助下,在阅读教学工作中合理应用翻转课堂教学模式进行授课,能使翻转课堂英语阅读教学活动顺利开展。具体表现为:在翻转课堂上,教师需要在技术设备的帮助下,才能及时获知班级学生的英语阅读学习情况。在技术设备的帮助下,师生交流更加便捷,学生能借助技术设备向教师提问问题,教师也能借此及时回答学生的问题。除此之外,技术设备的有效应用还能使学生借助网络,学习微视频。从以上几点可以看出,技术设备是否完善、健全,直接影响翻转课堂教学模式的应用质量。教师应该明确这一点,从硬件设施入手,主动配置完善的先进的技术设备,以便打造优质的课堂环境。

2. 提升教师教学水平

微视频的质量会在一定程度上决定当代学生英语阅读课程的学习质量、学习效果。基于这一情况,教师应该在课前做好微视频的录制工作,确保视频内容既与英语阅读课程相关联,又能吸引学生的注意力。为达成上述目标,教师需要细致研究阅读课程内容,且需要自觉提升个人英语阅读教学水平,在做好微视频录制工作的基础上,给学生提供针对性较强、优质的英语阅读教育。学生自主学习能力有限,且往往无法长时间专注地学习,教师在录制视频时应该考虑这一点,合理控制视频时长,确保微视频能在英语阅读教学活动中发挥应有的价值和作用。

3. 着重培养学生自主学习能力

除上述方面的注意事项之外,教师在应用翻转课堂教学模式进行授课时,还应该注意培养、着重培养学生的自主学习能力。在翻转课堂上,学生会占据课堂的主体位置，且需要自学相关内容。教师着重培养学生自主学习能力，引导学生课前预习、课后复习，对相关学生英语阅读知识的学习十分有利。为达成上述目标，教师需要明确个人在翻转课堂英语阅读教学活动中的主导地位。教师需要借助微视频、课堂问题，吸引学生注意力，调动学生自主学习兴趣。当学生真正对英语阅读课程感兴趣时，其探究欲望将大幅提升，且将在自主学习、探索的过程中，养成自主学习的好习惯。

总而言之，教师合理应用翻转课堂教学法进行授课，能使英语阅读教学质量显著改善。学生在翻转课堂上学习英语阅读课程知识，将在自主学习、教师引导下，轻松掌握阅读课程内容，顺利完成相应的学习任务。在未来教学中，教师也要细致研究翻转课堂教学模式，尝试在英语阅读等其他方面教学工作中，合理应用上述教学模式进行授课。

（三）翻转课堂与英语阅读教学融合的实践

1.优化教学结构，指导学生自主阅读学习

翻转课堂教学模式互动性强、资源丰富，与传统教学模式相比，可以合理调整教师教学、学生学习的时间，优化配置教学资源，调整教学结构，调动学生自主学习的兴趣。翻转课堂与英语阅读教学策略融合，可以搭建学生自主学习的平台，让学生通过自己操作，主动去看、去听、去学、去记，并完成阅读学习的任务。比如，在英语阅读课堂教学中，英语教师可以基于翻转课堂教学模式的应用，集中时间和力量给学生讲解分析阅读课程的重点，而把学生容易理解或记忆的知识点，翻转到课前预习或课后练习中，合理设计阅读教学的各个环节。这样就可以让学生在阅读学习中更有方向，能够结合自己的薄弱知识环节进行重点攻关，养成良好的自学习惯。还可以针对学生的学习能力和水平，设计分层次的阅读学习任务，让学生选择适合自己学习的方式和方法，促进他们在阅读学习中更有效掌握英语知识。

2.突破英语阅读教学的重点和难点

在传统的英语阅读课堂教学中，要想突破教学重点和难点，帮助学生扎实有效掌握英语知识，需要英语教师认真分析教材内容，精心编写教案，在课堂教学中给学生做细致、深入地讲解。这种教学方法对于突破教学的重点、难点虽然有一定作用，但是对于一些变化复杂的英语句型、词组、语法等知识点，仅凭英语教师的口头讲解，许多学生还是理解不透、掌握不准。而翻转课堂教学模式可以通过多媒体课件、微课视频制作等方式，把英语阅读学习的重点、难点知识，形象、直观地给学生展示出来，让学生在阅读英语学习之中，仿佛进入文本的真实情境，帮助他们深刻理解文本内容，准确掌握英语阅读学习的知识重点和难点。

为了帮助学生更好地记忆和理解重点生词，掌握新句型的用法，可以把翻转课堂教学模式与阅读教学策略有机结合，用视频、多媒体技术给学生展示物品的图片，以及物品所处的位置，创设学生对话交流的情境，巧妙把本课重点新单词和句型融合其中，结合情境创设训练学生阅读与聆听能力，引导学生在英语阅读学习中由浅入深、层层递进，最终有效理解和掌握这些知识点，突破英语阅读课堂教学的重点和难点。

3. 引导学生进行探究性阅读学习

翻转课堂与英语阅读教学策略的融合，通过网络技术平台，可以促进师生、生生之间的互动，让学生从英语教师那里及时获得阅读学习的指导信息，进行探究性的阅读学习活动。在英语课堂上，英语教师不再是单方面的知识传授者，而成了学生英语阅读学习的合作者与参与者，能引导学生从多个层次和角度去理解英语知识。在英语课后阅读作业练习中，还可以通过翻转课堂给学生布置一些探究性的作业任务，安排一些开放性的问题，引导学生结合在课堂上学到的知识进行应用，主动探索英语知识，培养学生在英语阅读学习中的探究性学习能力，增强他们探究学习的意识；指导学生在英语阅读学习中，可以借助网络平台自主去搜索学习资源，克服阅读学习中遇到的一些问题和障碍，掌握英语阅读学习的有效方法，提升英语阅读学习能力。

4. 开展英语阅读实践教学活动

翻转课堂教学模式是以信息技术为基础的，通过与多媒体技术、网络技术、微课技术等深度融合，给英语教学带来了许多新的方法和技术手段，推动了英语阅读教学的发展变革。在英语阅读教学中，我们可以通过融合翻转课堂，把学生阅读学习的内容从课内向课外拓展，开展形式多样、内容丰富的阅读实践教学活动。比如，多媒体技术融合了视频、声音、图像等多种元素，具有声情并茂的特点。在英语阅读教学中，我们可以结合多媒体技术的这些优势，引入课本教材之外的实践教学资源，拓宽初生英语阅读学习的范围和渠道，让阅读教学过程变得更加丰富多彩。比如，在英语口语交际阅读教学中，我们就可以从网络上下载与阅读内容有关的视频或动画，制作成多媒体课件，然后让学生观看和聆听，并以此为基础开展实践交流阅读学习活动。

5. 进行课后的巩固练习和查漏补缺

在完成阅读教学之后，许多学生对英语阅读的一些知识点，仍然没有理解透和掌握牢固，需要课后进行强化练习，并进行知识的查漏补缺。为了帮助学生更好地开展课后学习，英语教师可以利用翻转课堂教学模式，把阅读教学的一些重点知识向课后翻转，围绕学生学习中遇到的难点问题，设计作业内容；指导学生把新旧知识串联到一起，内化和吸收课堂中讲解内容；也可以给学生布置一些总结性的学习任务，让学生对照自己的学习状况进行查漏补缺，构建系统完整的英语知识体系。

总之，翻转课堂与英语阅读教学策略融合，应认真分析这种教学模式优势特点，结合当前英语教学现状，优化调整课堂教学内容，合理给学生分配好课前、课中、课后的阅读学习任务；抓住英语阅读教学的重点和难点，积极开展实践教学活动，引导学生开展自主性、探究性学习；让学生产生英语阅读学习的兴趣，掌握英语阅读学习的有效方法，养成良好的阅读学习习惯。

（四）基于SPOC的英语阅读翻转课堂教学模式

立足信息化与高等教育深度融合的背景，结合高校英语教学模式改革的要求，为改善高校英语阅读教学在双向互动过程中存在各种问题，探索更为科学有效的高校英语教学模式。利用 SPOC 整合资源，充分发挥信息技术与英语阅读教学相融合，以翻转课堂的形式进行高校英语阅读教学，突破传统高校英语阅读教学在时间和空间上的限制，致力于培养学生自主阅读的积极性，增强学生的参与度与英语课程的全面体验感，强化以学生为中心的学习观，加强教师的指导作用。我们将基于 SPOC 的高校英语阅读翻转课堂教学模式，划分为课前、课中、课后三个阶段。

1. 课前：课程资源开发及教学内容设计
（1）课程资源开发

教师应积极开发课程资源，围绕学习目标分析学生需求，精心设计在线学习内容。教师应积极充分利用 SPOC 平台整合教学资源，组建学习小组。在海量网络资源中，删减、凝练、选取与教材内容高度切合且有重要学习价值的内容，以短小精悍的短视频或微课形式发布在 SPOC 平台。

（2）课程内容设计

教学内容的设计应充分考虑学生的已有语言知识及人文知识基础，促进新知识和旧知识的联结，围绕阅读的话题设计，激活学生大脑中的已有图式，促进学生通过英语阅读接受和获取信息的能力；涵盖重点词汇及语法在内的语言知识讲解及重难点句型分析，帮助学生掌握阅读学习的要点，同时注重文化背景介绍，培养学生的人文素养；增加微练习的设计，包括对文章主旨大意的选择理解题型及信息获取能力的正误判断题型，微练习的设计应该有助于检测自主学习效果，为学生后续学习提供层层递进的帮助和支持。

（3）发布学习任务

教师推送学习任务，提醒学生登录平台根据课前学习指南，自由地选择时间、地点、利用碎片化时间进行在线学习，学生可组成学习小组，完成微课视频自学及对应的在线测验；设置讨论区，通过讨论区积极的生生互动及师生互动，加深学生对问题更深层次的认识，及时交流探讨增强思辨性，为线下的英语阅读翻转课堂教学奠定基础。

（4）监控学习过程

教师应及时查看学生的学情详情及进度，监控学生的自主学习过程，关注热点讨论话题及问题求助。通过数据统计分析微练习的各项得分率，了解学生知识内化的情况，以便及时把握学生遇到的重点难点问题，提高线下授课的针对性，提升英语课堂效率。

2. 课上：翻转课堂，深度阅读

（1）团队合作，课堂展示

课上采用翻转课堂的教学形式，教师无须利用大学英语阅读课堂有限的课时进行知识的讲解。课上鼓励学生以小组合作的形式积极进行课堂展示，发挥学生分析、收集、处理信息的能力，同时间接促进学生的思维及语言表达能力。

首先，学生以小组为团队进行展示，围绕阅读篇章的主题对文章写作背景及作者人生经历的简要展示，以便在阅读过程中引起共情，加深对文章主旨的理解；其次，学生以小组为单位，对篇章的谋篇布局进行整体分析，对文中词性多样性进行解读，此时过程中教师应该贯彻和发挥学生学习引导者和促进者的角色，教师可引导学生通过遣词造句来把握重难点词汇，细化学生对于语言知识的深刻理解与灵活运用。

（2）抛出问题，双向互动

教师还可以适时地抛出问题，通过提问引发学生认知的矛盾，以问题和任务推进学生的深度阅读与思考，引导和把控学习方向，培养跨文化意识，促进深度阅读，帮助学生自主梳理出文章的中心主旨。阅读教学不仅仅是通过阅读积累词汇，还可以通过英语阅读发展思维，培养跨文化意识，开阔视野、陶冶情操，丰富人文素养。教师应该创设宽松自由的思辨氛围，使阅读教学进入师生互动、生生互动的双向的交流阶段，加强同学之间相互吸收、内化别人掌握的知识与见解，完善自身的阅读内容，拓展自己的认知框架。

（3）解决疑难，总结归纳

课堂教学中教师应遵循知识与信息并重的原则，利用所学词汇及重点句型总结阅读内容，做出有针对性的讲解，注重对重点词汇及语法进行系统归纳整理，以便让学生更好地吸收和内化，更要注重培养学生有效地从阅读中获取信息的能力及分析推理能力。

3.课后：拓展阅读渠道，发展多元评价

课程结束后，教师应该将课堂中需要学生掌握的重点词汇及句型整理并细化发布在 SPOC 平台的课后巩固模块，帮助学生建立知识体系，深化对知识点的理解和掌握。教师还应该通过 SPOC 平台为学生提供体裁丰富且具有

学术启发性的篇章，推荐值得研读的书目，定期发布研读探讨话题，积极拓展和延课外阅读，培养学生多元化的阅读方法。

发展多元评价的高校英语阅读评价模式，收集整理教学期间 SPOC 平台的各项数据，本着发展性原则以形成性评价为主并贯穿教学全程，关注学生在英语阅读课上的阅读能力提升，将教师评价与学生互评及自评相结合，形成对整个高校英语阅读教学效果的综合评价。基于 SPOC 的高校英语阅读翻转课堂教学模式真正实现信息技术与高校英语阅读课程的深度融合，将海量的网络资源同学生的个性化学习结合在一起，使高校英语教学更具针对性。相较于传统高校英语阅读课堂，以翻转课堂的形式体现高等教育以学生为中心的教学理念不仅能够激发学生主动阅读，有利于主动学习的积极性，有利于实现线上线下师生之间、生生之间的双向互动交流。基于 SPOC 的高校英语阅读翻转课堂教学模式对促进教育新生态的实现有重要的理论和实践意义。

（五）雨课堂应用于英语阅读翻转课堂

1.雨课堂应用于英语阅读翻转课堂中的优势

下面旨在说明"雨课堂"对英语阅读翻转课堂教学的合理性和有效性，并对具体实施环节提出一些具有实践性的指导和建议，从而提升英语阅读教学效果。

（1）增强学生问题意识和学习动机

利用"雨课堂"实行翻转课堂的教学模式，学生可以通过教师推送的资源充分预习，在浏览课件的过程中，可以点击"不懂"按钮进行匿名反馈，或是给教师发送留言进行在线解答。同时，"雨课堂"的弹幕功能也能为课堂教学营造一个更轻松的氛围，从而带动更多学生加入互动讨论。这些都可以在一定程度上减轻学生的提问意识不足、学习热情不足的问题。

（2）有助于教师全面了解学生的学习情况

翻转课堂的教学模式强调"先学后教"，而"雨课堂"便能为教师提供一条捷径去全面了解学生的学习情况，有助于提升阅读教学效果。利用"雨课堂"，学生在课前预习中的所有学习行为都将被采集并进行数据统计，有助于教师观察学生是否按要求完成预习工作，并及时记录学生的共同问题，以便在课堂上针对性地解决。在课堂教学中，学生可以通过"雨课堂"完成教师布置的习题。所有学生提交答案后，教师可以根据答题结果的统计掌握学生对知识点的理解程度，合理调整教学进度，达到"以学定教"的效果。

（3）有利于培养学生的自主学习能力、实现个性化阅读

在英语阅读翻转课堂教学模式下，有关文章中的生词释义等基础性知识将不会纳入课堂教学中，而是通过学生自主的课前预习来获得对文章的浅层理解。教师通过"雨课堂"为学生推送学习资源，并提供给学生便捷的在线提问答疑平台，有助于培养学生的自主学习能力。并且，教师推送的补充教学资源都是经过精心筛选的，有助于学生在心中确立优质资源的标准，从而去自主甄别优质资源并加以利用。此外，"雨课堂"可以实现隐性分层教学。例如，教师可以推送难易程度不同的课后任务给学习能力不同的学生，学生可以通过私信和教师进行交流沟通，满足学生的个性发展，让每位学生获得成就感的同时不伤害到学生的自尊心，实现个性化阅读教学。

2.雨课堂在英语阅读翻转课堂教学模式下的应用设计

此应用模式的设计主要分为三个环节，即课前预习、课中教学和课后巩固。

（1）课前

在课前，教师搜集并剪辑与主题相关的科普短视频，搜集一篇简短的介绍主题的英文版语篇。此外，教师需制作一份课件，设置相关预习问题供学生思考。提示学生需自主查询生词的发音、释义以及了解文章的整体大意及结构框架。再通过"雨课堂"，将这些资源、课件作为任务点推送到学生的移动终端，让学生进行课前预习。在规定的课前预习时间后，教师通过"雨课堂"的数据后台检查学生的任务完成情况，并记录学生提出的一些共性问题以及每张幻灯片下点击"不懂"按钮的次数，以便在课堂上着重讲解，对于个别学生提出的小问题，教师可以选择在线答疑的方式解决。

（2）课中

学生通过学习平板上进入"雨课堂"，教师邀请轮到汇报任务的两个小组进行汇报展示，在汇报过程中开启弹幕讨论功能，其他学生可以选择匿名

或实名在弹幕中对汇报内容进行实时评价，教师可以结合弹幕区的发言对两个小组的作业进行点评。随后，是教师对文章中存在的共性问题和重难点问题的讲解，并设计多形式的互动讨论活动促进学生思考。接着，教师推送一些习题到"雨课堂"中进行测试，用以检测学生是否对文章有一个更深层次的理解。最后，教师引导学生进行拓展内容的学习并围绕学科核心素养进行主题内容的升华。

（3）课后

教师可以利用"雨课堂"向学生推送课后习题，也可以根据学生学习能力的不同，通过私聊的方式发送更具针对性的作业，实现隐性的分层教学，以满足学生的个性化需求。例如，对于学习能力较强的学生，教师可以让学生根据关键词去回忆并复述文章的大致内容，最后录一段复述视频作为作业提交。对于学习能力较差的学生，教师可以布置一些与文章相关的课后习题以作巩固。同时，教师也可以利用"雨课堂"工具向学生推送相关的优质资源，供学有余力的学生进一步地探索学习。

3. 实际应用中的注意事项

（1）学校方面

学校需在硬件设施方面给予一定的支持，解决为每位学生提供学习平板的问题。学校可以和家长、厂家进行协调沟通，以合适的价格购买平板，学校和家长可按一定比例分摊费用，对于家庭经济条件困难的学生，学校可进行全额补助购置平板。同时，由于在课堂教学中需使用"雨课堂"工具，因此学校也必须保障网络质量的通畅性。

（2）教师方面

教师首先需在观念方面做出改变，要有学习新事物的热情和信心，要积极主动去探索新的教学模式，并进行实践创新。其次，教师需明确"雨课堂"只是一个教学辅助工具，不能将全部的教学工作都依赖于"雨课堂"而展开。最后，由于"雨课堂"应用于英语阅读教学的案例还不多，教师需不断在实践探索中进行反思学习，优化教学方法，发挥"雨课堂"的积极作用。

（3）家长与学生方面

"雨课堂"的使用要求学生手中有学习平板或是手机等移动端，课前预习工作由学生在家中完成，此时家长需进行适当的监督引导。此外，由于涉及学习平板的购买问题，家长需理性地和学校进行沟通，尽量配合学校教学工作的展开。学生和义务教育阶段的学生相比，要有更高的自律意识和进行自主学习的能力。因此，学生需要利用好"雨课堂"进行自主学习能力的培养，也需要配合学校和教师，乐于去接纳这种新型的教学模式，并尽快适应以不断提升自己的阅读能力。"雨课堂"作为一种智慧教学工具，在翻转课堂的教学模式下会起到很大的辅助作用，有助于缓解当前教学中存在的一些问题。虽然目前这种教学工具运用于英语阅读教学的案例还不多，但许多学者已经在进行研究和实践，不断证明其在教学中的可行性。"雨课堂"在英语阅读翻转课堂教学模式下的进一步研究和发展将有利于学生自主学习能力的培养，有利于阅读教学效果的提升。

二、翻转课堂在高校英语写作教学中的应用

（一）英语写作翻转课堂教学的应用

1. 充分发挥微课工具教学价值

聚焦翻转课堂教学模式的实际开展内容及过程，教师能够准确把握微课的运用，必然是课程教学工作的主要路径。因此，教师有必要充分确保微课具备良好的可靠性和引导性。在微课的内容制作和环节设计的整体过程中，教师就需要提升自身的网络应用技术和计算机使用水平，并在此前提下充分结合自身长期积累的丰富教学经验，确保微课所涵盖的教学内容能够切实遵循学生的生活习惯与学习规律。具体来说，教师在设计微课环节和制作微课内容的过程中，需要充分立足课本内容基础，确保微课搜集并整理的素材内容能够与课本内容具备充分的关联性。例如，教师在开展主题信件写作教学环节的过程中，就可以为学生制作关于英文信件的主题写作微课，引导学生通过学习微课了解信件写作的基本格式，充分提升学生在英文信件写作过程中所运用格式与语言的规范性。在完成微课讲解后，教师还需要向学生针对

性地布置课程学习目标与任务，促使学生能充分通过观看微课内容在知识理解和技巧掌握方面取得良好的成果，从而具备对于英文书信的自主创作能力。在学生的知识理解范围和内容学习深度拓展方面，教师则可以通过为微课视频加入多样化英文信件写作布局的展示环节，为学生预留自主选择写作任务完成形式的空间，对于学生在完成微课学习后仍然存在的学习问题，教师则需要引导学生针对微课内容反复观看，从而自主针对学习问题展开思考并提出解决方案，如果学生仍然无法解决自身问题，教师则应该要求学生记录问题，并将问题带入课堂开展阶段进行直接提出。通过此种形式开展翻转课堂课程教学模式以有效提升学生的知识内化成效，并在此同时推动学生顺应自身发展偏好实现对于写作素养体系的完善构建。

2.紧密结合教学课堂开展实践

尽管课件是翻转课堂课程教学模式重要性的来源途径，但教师仍然不能忽视课堂在学生写作能力发展过程中所具有的重要作用。课堂教学不仅可以促使学生奠定扎实的知识基础，充分增强学生对于英语词汇、语法等知识的理解记忆程度，还能够更为显著地推动写作教学模式的开展实现一体化，从而充分增强学生对于医学英语知识的实践利用能力，有效提升学生在英语写作方面的技巧水平。因此，英语教师在教学课堂实训开展阶段，仍然需要促使自身充分掌握完善的职能认知，从而切实提高课堂教学工作质量。结合翻转课堂教学视角下的持续开展方式具体包含以下形式：

（1）答疑解惑

答疑解惑环节的核心目标在于解决学生在学习微课或是日常生活的过程中所面临的英文写作困难。因此，教师有必要广泛搜集并清晰罗列学生所出现的多种写作问题，从而采取针对性和科学性的教学举措进行处理。在此过程中，教师需要准确提取不同学生所集中呈现出的共性学习问题，从而以此为基础反思自身的教育方式，通过自身在教学理念和教学形式方面的创新和调整，有效推动学生的英文写作知识的接受效率实现增强。

（2）小组协作学习

教师在组织学生借助小组协作形式开展英语写作学习的过程中。首先，应当科学分析并完善规划学生群体分组形式，对于在性格特征、学习习惯与学习能力呈现出不同差异的学生做出合理的组合与搭配，确保小组内部成员在学习方面所具有的差异化优势与劣势能够得到互补，从而在小组内部构建互相竞争且互帮互助的良性学习体系。其次，教师在学生群体以小组形式分析探讨写作问题的过程中，还应当保证自身坚持处在观察引导角度，通过对于学生的分析内容和思考成果做出聆听，从而合理把控探讨节奏和课堂秩序，并借助集中记录不同小组的多样化学习困难，在讨论结束后的答疑阶段做出统一的处理与解决。最后，在小组协作完成问题探究的学习目标之后，教师则可以要求学生在小组范围内开展互相评价，从而促使学生群体能够取得相互鼓励、相互促进的成长发展效果。

（3）评比写作作品

教师通过引导学生将自身的英语写作作品参与评比并获取评价的教学方式，将能够更为显著地突出英语写作实训的价值和意义。教师可以在课堂开展阶段，通过为学生规定文章写作的题目与方式，引导学生完成英文写作任务，并促使学生将自身所完成的写作成果交由教师和班级开展评价与比较，从而通过优质文章的评比为学生树立典型学习模范，在充分鼓励优质文章作者的同时有效激发其他学生的学习热情与竞争心态。

3.借助翻转课堂理解写作手法

在英语写作教学期间，翻转课堂的应用价值主要可通过以下两个层面凸显。首先，可以帮助学生基于前几个角度正确理解知识，借助翻转课堂的应用，可以构建起完善的知识体系，将散乱的写作知识进行有机整合，便于写作时有效应用。其次，可以使得教师的执教形式更加灵活。传统备课方法为教师在教材内选取内容进行撰写，不具有考虑学生实际学情的意识，因此无法满足学生的实际教学需求。

4.借助课外实践活动促使学生积极主动学习

在实际应用翻转课堂教学模式期间，学生不仅要强化课内的英语学习，还要重视课外学习的同步强化，在自主收集资料、探讨课文学习内容实现知识初步掌握的基础之上，达到课后稳定巩固的效果。多数学生的英语基础相对较差，学习兴趣和学习积极性缺失。对于此，教师可安排趣味性较强的课外实践活动，以调动学生的学习热情，引导其产生主动探究学习知识的意识。通过课内与课外的有机融合，不断强化学生的自主学习能力，如举办英语沙龙、英语游戏角等实践活动，帮助学生拓宽课内所学的英语知识，将理论知识融入实践活动之中，以强化个人的学习积极性。具体而言，可以在实际的课外实践活动中引导学生自主设计游戏规则、具体活动流程和具体内容，使得全体学生可以主动参与其中，实现更多英语知识的积累。

翻转课堂作为互联网技术催生下的创新型课程教学应用模式，对其开展有效运用将能够充分推动学生借助网络平台对课堂知识开展针对性、科学性和全面性的学习，切实促进学生在英语核心素养中的写作水平取得显著提升，促使学生在学习过程中有效摆脱教师所授知识框架束缚，实现对网络中数量更多，质量更好且范围更广的优质性教育资源的利用，进而帮助自身达成提升学习质量的发展目标。因此，高校英语学科教师有必要充分提升自身对于翻转课堂教学模式应用工作的重视程度与技能水平，通过课堂实践方法的持续改良和完善优化，切实保障学生以英语写作能力为主的学科核心素养和综合整体能力获取良好培育并取得全面提升。

（二）翻转课堂视角下专业英语写作课教学

下面以外语教学与研究出版社出版的《高校思辨英语教程——记叙文写作》教材为例，总主编孙有中，本书第五单元主要分三大板块：第一，Learning the Skills；第二，Case Analysis；第三，Language Study。因此，根据教学计划，包括第五单元在内的每个单元要在3次课、6个学时内讲授完毕。

1. 教学步骤

第一次课教学实践：

第一步，课前准备，教师提前把学习内容进行分门别类的处理，把重点内容、难点部分翻译出来，然后以英汉对照的方式做成PPT发到班级微信群或QQ群，让学生课下提前预习，做好在课堂上讲解的准备，要求学生做好规划，写好讲稿，尤其是讲稿，讲课前，教师要检查，检查结果记入学生平时成绩。

第二步，课堂教学，假如每次课为100分钟，第一、二小节各50分钟。作为教师和主持人，教师首先利用10分钟左右时间给课堂预热，把学生学习热情鼓动起来。可取材Pre-class Exploration或其他相关有趣的热点，可表扬第一步中认真准备、规划做得好、讲课准备充分的同学，也可表扬作业认真完成、作业写得较好的同学等，这些都能给课堂预热、能够激励学生的兴趣和竞争精神。课堂预热10分钟之后，用70分钟时间，组织学生上台讲授，内容为之前发给学生的写作理论Learning the Skills。学生讲，教师在一旁观看监督，此环节既要鼓励学生积极主动上台讲授，也要"强迫"那些课下准备不太好，不太愿意上台讲授的同学上台表演。还有那些胆怯、腼腆的学生也需要一点点强求。学生每讲完规定的一个部分，教师记入一次平时成绩。最后20分钟，针对每名学生讲授的情况，教师一一点评，简明扼要，突出重点。学生讲授错误、不足之处，教师巧妙地给出答案或参考。学生讲得较好的地方，教师当堂予以肯定表扬，这时赞扬要慷慨些，有利于提升学生的自信。还有，就学生课堂上讲解出现的共性问题，教师做补充讲解。

第三步，课后复习和作业，首先要求学生把本次课学习的内容认真复习，要求没有讲课的同学课下找时间自己讲给自己或同学、好朋友听。书面作文作业，第一次课就布置给学生，要求学生在写作前要查资料，看范文，做好准备。每讲完一个单元，学生写一次书面作文作业，即第三次课后开始写书面作业。教师部分评阅，以便了解学生的理论学习、作业写作情况。剩下的部分，同学们互阅互评、互相讨论、共同进步。作业成绩要严格把关，分好等级，在每个等级中尽量给学生较高分数，以便让学生自信阳光，保护他们学习写作的积极性。要明确指出学生习作中的优、缺点和努力的方向。大多数学生，优点要多说多讲，但对于不足之处，千万注意，不要一次指出学生很多错误，把作业评阅得一塌糊涂，要留有余地，不要伤害了他们的学习热情。

第二次课教学实践：

第一步，课前准备，我们会把Case Analysis做成PPT，把课文翻译成中文，一段英文和它的汉语译文放在一张PPT上，英汉对照，发给学生准备。

第二步，课堂教学，课堂预热之后便进入案例分析教学。第五单元第二部分的案例分析为欧亨利的《警察与赞美诗》。文章第一部分为背景描写；第二部分是情节一，去豪华饭店吃霸王餐；第三部分为情节二，打碎窗户玻璃；第四部分是情节三，小饭馆吃饭被教训；第五部分，情节四，调戏妇女；第六部分，情节五，扰乱公共场合；第七部分，情节六，偷拿别人雨伞；第八部分，教堂醒悟、欲重新做人反被抓。可让学生做讲解分析，复习、学习前面讲过的"背景（setting）、情节（plot）、主题（theme）"等记叙文写作要素。通过案例分析，学生不仅明白了什么是"背景，情节，主题"，而且通过自己的讲解，记忆深刻。同时，这次教学也是一次英语文学欣赏课，有理论指导，有教师坐镇，作品幽默风趣的语言、动人的情节，意外的结尾，又加上学生各种风格的讲解，或滑稽幽默，或激情阳光，或腼腆含蓄等，无不让课堂生动活泼、充满欢声笑语。

拔高性的案例分析、文学欣赏之后是学生的优秀范文评讲，范文有教师收集的往届学生的也有身边同学的。这些范文更接地气，更接近于学生的实际英语水平，有利于学生学习，有利于他们写作水平的提高。有案例模仿，实际写作起来也就容易多了。

本次课第三步和第一次课第三步大同小异，这里略去不论。

最后，谈谈第三次课做法：

第一步，课前准备，如上，我们会把Language Study做处理布置给学生，不再重复。

第二步，课堂讲解，Warm-up之后，我们首先利用40分钟时间对第一、二次课的主要内容进行复习，温故而知新。这个环节主要有教师讲解。这个环节除了复习之外，教师还可以对之前学生讲解、教师评讲中，对讲得不系统、不全面的地方进行补充讲解，以便让学生有一个完整系统的知识结构。同时，教师讲解、学生讲解要科学合理，任何一方讲解过多都不利于和谐的教学，不利于学生的学习兴趣和热情。课堂讲解的第二小节课，利用40分钟，如上，师生一起轮番讲解学习Language Study。其他，亦和第一、二次课大同小异，不再多言。本小节课的最后10分钟回答学生的问题，然后进入本次课的第三步的一部分，再次强调作业，重复要求。我们会让学生课上开始写一篇记叙文，如题目The Way Home。

2. 理论依据与分析

上面讨论的教学步骤、教学方法依据如下理论，据此做出分析。

首先是"掌握学习法"。它是本杰明·布卢姆创立的一种学习方法理论，是指在学习新内容之前，确保所有或几乎所有的学生对某一确定的知识、技能的学习都达到了预订的掌握水平。由于群体教学模式，因此学生不可能按照自己的时间和节奏去学习，他们必须跟上班级群体教学进度。这种看似完美的教学模式，在实际教学中却不尽如人意。因此，我们的教学采取群体学习并辅之以课堂上讲授和个别化的矫正性帮助的方法。

上课之前，学生按照自己的时间和节奏去观看课件，写下讲稿，同时把不懂的地方、重点、难点记录下来。上课，通过上台讲授，学生把自己对某部分知识、技能的掌握反馈得一清二楚。讲得对的地方，证明学生已经掌握，教师课堂上予以肯定，既肯定了讲解者又给听课者正确的信号。讲得不妥之处，教师予以巧妙的纠正，这个纠正作用好于教师传统的授课。

我们把第一步主要放在课下，第二步"内化吸收"放在课堂上，如上所言，如果学生某部分知识讲解正确，就证明已经消化吸收并能运用出来，反之，通过教师的纠正、讲解、补充，同学间的讨论交流也能使某部分知识在课堂上吸收内化。

心理研究表明：学生在课堂上专注听讲的时间是有限的，而且因人而异。人的表现欲通常很强，尤其在异性面前。传统教学，教师从头讲到尾，满堂灌，不利于学生长时间专注听讲、接受知识。课堂上有讲有听、同伴协作、师生互动、变化多样等能最大限度地激发学生学习的积极性、趣味性，大大提高学习效率。

学生在课堂上越讲越有成就感，越讲越自信，越讲越受到同学的敬仰，他们课下学习能没有兴趣和动力吗？能不充分准备在课堂上讲得更好吗？很多教师顾虑：学生在课堂上讲不好、讲不透彻，会浪费宝贵的教学时间。其实，只要方法适合，教学内容难易适度，完全没有必要担心和顾虑。即使学生有这样那样的不足，只要把他们的学习兴趣、热情鼓动起来，他们就会自发积极地学习，做到了不教而教。翻转课堂有其优缺点，是否进行翻转课堂教学要考虑一门课的特点。教师要充分备课，把难度大、理论性强的内容容易化、简明化，提前交给学生，让他们充分预习后在课堂上讲解。英语写作是一门实践性很强的课程，对某些写作理论做处理后，比较适合翻转课堂教学，它能让学生积极主动学习英语写作理论，随之提高英语写作水平。

专业英语写作课课堂翻转教学可分三步走。首先，教师在上课前做好充分准备，为学生翻转课堂讲解扫除"拦路虎"。其次，学生翻转课堂讲解要精心设计，师生互动，时间分配科学合理，既能让学生动起来、忙起来，调动起学习积极性，又不能让学生感到教学单一，不能系统、有深度的学习。最后，要精心设计作业，精心批改作业，评讲学生优秀习作，使优等生学习有积极性、有动力，使一般学生学习有目标、有方向。我们在翻转课堂遇到一些有待于解决的问题，如学生课前如何更充分准备，课堂上如何更好地讲授等，还有待于进一步探讨，积累经验。

第五节　翻转课堂在高校英语翻译教学中的应用

一、翻转课堂在高校英语翻译教学中的应用优势

传统的高校教学模式通常由任课教师担任教授角色，学生处于被动学习的角色，学习的主要场地为教室，这种教学模式不利于充分调动学生的积极性与发挥学生的主观能动性。特别是英语翻译这门学科，学生单纯地利用课堂时间学习远远不够，必须充分利用课外时间采用多种途径学习，方可取得良好的学习效果。因此，将翻转课堂应用于高校英语翻译教学，其特有的优势得到了彰显。

首先，翻转课堂教学模式改变了高校英语翻译教学中教师和学生的身份与责任。教师不再采取单一的灌输式的教学，而是需要在上课前充分备课，制作相应的视频材料供学生学习，并对知识点进行难易归类，对难点或学生难以理解的问题进行重点讲解；于学生而言，也不像以往一样，在课堂上被动接受知识，学习也从课堂扩展到课下。课下，学生通过各种途径进行预习并根据教师下发的视频自学，能自行掌握难度较低的知识点，整理在预习中

遇到的难点，便于更清晰地理解课堂上教师讲解的内容，能以问题为导向有针对性地学习，轻松掌握课堂内容，减缓课程的紧张感，一次课程学习相当于一次知识巩固，达到强化学习效果的目的。教学双方的身份在翻转课堂下得以改变，教师既要负责学生课前预习材料的准备，又要在课堂强调重点，还要进行针对性答疑。而学生除了学习教师安排的任务外，还会以小组学习等方式与同学开展研讨交流等，由被动接受转化为主动探索，成为学习的中心。

其次，翻转课堂教学模式下的教学形式也发生了改变。传统课堂教学模式下，教师与学生需在同一个时空（同一时间同一教室）才能完成教学，极大地限制了优秀师资力量对教学团队的注入。特别是英语翻译专业，外籍教师的授课环节尤为重要，翻转课堂的开设使外籍教师没有办法直接授课这一问题迎刃而解。突破时空的限制，教师可在家甚至国外就完成课前录制课件视频、课中通过视频为学生讲解重难点以及课后开展针对性的答疑等工作，这比上一堂单纯的视频课效果要好，也极大地丰富了教学形式。另外，翻转课堂的开设为推动学生学习评价工作的多元化做出了贡献。传统的教学方式，学生成绩由平时成绩与考试成绩组成，而平时成绩的赋分容易缺少直接依据。翻转课堂开设后，每次课前预习完成后可设置自评自测环节，将自评自测分数纳入平时成绩考核，这从侧面让学生重视预习，达到强化学习效果的目的。

最后，在高校英语翻译教学中开展翻转课堂符合教育发展需求。随着我国经济水平的提高与物联网技术的发展，高校教室已经配备多媒体设备，学生普遍拥有电脑、手机等电子设备，加上网络资源中有大量与英语翻译相关的内容可供学习，这为高校英语翻译教学开设翻转课堂提供了有利条件。除自己制作课前学习视频外，教师还可以推荐或带领学生观看英语影视作品等，为他们营造良好的英语学习氛围，全面提升了学生的英语学习能力，教学效果也明显提升。因此，将翻转课堂应用于高校英语翻译教学十分必要。

（一）满足时代发展要求

在高校英语教学中，学生学习兴趣不高是普遍存在的问题，英语翻译课堂枯燥无味是学生的固有印象。很多学生认为，英语学习只要期末考试合格即可，学习过程并不重要，所以往往缺少学习动机。而翻转课堂教学模式采用先学后教的方式，可有效激发学生学习兴趣，培养学生自主思考能力。基于现代信息技术的应用，学生可在课前预习教学内容，带着学习问题走进课堂教学，利用学生求知欲较强的特点，使其积极投入学习中，从而强化思辨能力。同时，基于翻转课堂教学模式，学生可借助在线学习平台反复观看薄弱知识环节的课件和视频，与教师线上沟通学习问题，或在学习小组内探讨疑难点，以此不断提高知识水平。翻转课堂教学模式不仅能为学生提供更多学习机会，提高学生课堂参与度，还便于教师对学生想法予以全面了解，从而优化课堂教学设计。翻转课堂教学模式满足现代信息时代对英语翻译教学提出的要求，通过教学模式的创新，可有效培养学生的英语翻译能力。

（二）满足课堂教学需要

高校英语翻译教学目标在于培养学生英语组织能力、英语翻译能力、英语实践应用能力。而为实现教学目标，教师应在课堂教学中评价学生学习表现，引导学生改进不足。但课堂教学时间有限，教师难以与学生展开充分交流，无法为每位学生提供针对性指导，使学生学习问题得不到有效解决，不利于学生英语翻译能力的提升。而翻转课堂教学模式采用课前预习、课习、课后巩固方式，可转变以往单向灌输知识的形式，使教师利用课堂时间为学生传授英语翻译技能，并向学生提供更多英语翻译练习机会。英语翻译能力的培养需要经过大量实践，基于翻转课堂教学模式，教师可在课后引导学生练习笔译和口译，帮助学生掌握英语翻译技巧，积攒实战经验，对英语翻译市场需求予以了解，为日后工作打下基础。翻转课堂教学模式不仅能改善枯燥的课堂氛围，激活学生创造力，还能为师生提供更多沟通交流的时机，以有效解决学习问题，满足课堂教学需要。

（三）符合教学环境现状

在网络技术成熟发展的背景下，高校英语翻译课堂教学更为便利。教师可在课前搜集优质教学资源应用于教学设计。随着信息技术的普及，高校目前都已设立计算机实验室，学生也都配置了笔记本和智能手机，所以学生在学习中，不仅能随时随地观看微课视频，还能结合自身学习需求，访问互联网英文类网站、下载英文电影等，以拓宽眼界、丰富自身英语阅历。在高校英语翻译教学中应用翻转课堂模式，能使学生合理规划学习进度，得到更多的英语翻译学习资源，让学生在小组交流探讨中内化英语翻译技巧，逐渐提升英语翻译能力。虽然不少学生母语水平较高且具备一定英语能力，但往往由于英汉转化能力不足，导致英语翻译精练度不够。基于翻转课堂教学模式，可发挥学生主体性，便于教师通过英汉对比帮助学生了解语言差异，有针对性地指导学生英语翻译技巧，避免翻译错误问题。当然，这也符合教学环境现状。

二、翻转课堂在高校英语翻译教学中的应用策略

（一）基于实用性特征，体现英语学习意义

高校英语教师应正确认识翻译教学的作用和意义，结合英语的学习特点，强化英语教学能力。在社会快速发展的背景下，不同阶段教育也在持续推动教学建设，其中包括优化教育管理体制、优化教育教学理念、创新教育教学手段等，以达到提高课堂教学质量和效率的目的。翻转课堂就是在这一过程中产生的新型教学方式，这种教学方式以信息技术为支撑，使教师在收集、利用互联网英语教学资源的基础上，重构教学意识，优化教学内容，以强化英语课堂教学效果。教师在英语翻译教学中，应引导学生正确认识英语翻译的实用性特征，改变学生英语学习态度，促使学生提高英语水平，实现对英语翻译的深入理解，同时尊重学生主体地位，营造良好课堂氛围，以优化学生英语学习理念。

（二）创新教学设计，实现个性化教学效果

在高校英语翻译教学中，应用翻转课堂教学方式，需要教师针对课前、课中以及课后三阶段进行教学设计。其中，在课前，教师应结合教学内容制作微课视频，布置学习任务，要求学生观看微课，在线沟通存在的学习问题；在课中，教师应组织教学活动，讲解教学重难点知识，引导学生分组讨论；在课后，教师应开展学业评估，检验学习效果，优化教学设计方案，并帮助学生改进学习方法。

1. 课前阶段

在英语翻译课堂教学开始前，教师应结合教学内容，从互联网搜集相关学习资源，完成微课视频制作，基于网络向学生传递知识。事实上，互联网的快速发展使得大量数字资源得以共享，从而为教师提供了丰富的英语翻译教学资源获取途径，如英语精品课程数据库、江沪外语以及译言网等，都是涵盖巨大翻译学习资源的教学平台，教师可从中搜集大量优质教学内容。而在制作微课视频时，教师应以便于学生理解为目的，遵循从整体设计到细节设计的原则，在其中突出教学重点元素，以此促进学生深入理解，提升英语翻译水平。待完成微课视频制作后，教师可发布于高校教学平台或微信、QQ 等社交软件中，引导学生观看视频并自主学习，记录其中存在的问题，以便与教师沟通解决。同时，教师还要进行学习测试，以了解学生的自主学习情况，支撑后续课堂教学的高效开展。

2. 课中阶段

在英语翻译课堂教学中，教师应引导学生以小组形式展开讨论，合作探究在学习微课视频时存在的难点问题。由于在课前阶段，学生已初步掌握英语翻译教学内容，所以教师在课中可直击学习问题，以高效完成教学任务。而为提高教学实践性效果，教师应结合学生实际开展翻译实践练习，应用小组讨论教学法，引导学生探究不同英语翻译方式特点。基于互动式学习研讨，学生可充分掌握教学内容，熟练运用翻译技巧，使英语翻译水平得到提升。教师在课堂教学中应用层层递进的学习方式，可为学生提供个性化辅

导，以激发学生学习兴趣，使其积极主动投入英语翻译学习中。不过，英语翻译课堂教学活动设计并非仅有小组讨论一种形式，教师可在课堂中结合应用情景演绎、互动辩论等学习手段，为学生创设良好学习环境。在这一过程，教师应发挥自身引导作用，表扬鼓励英语翻译学习表现出色的学生，并帮助学习效果不理想的学生改进不足，而针对学生存在的共性学习问题，应予以耐心讲解，在分析学生个体差异的基础上因材施教，实现全体学生英语翻译能力共同提升。

3. 课后阶段

在英语翻译课堂教学结束后，教师应开展多元化教学评价，总结教学反思。一方面，教师应结合教学实际，合理制订翻转课堂教学评价方案，明确相应评价指标，注重保障评价客观性和合理性；另一方面，教师应结合评价反馈，优化教学设计，改进其中存在的问题，并在掌握学生英语翻译知识学习情况的基础上，为学生提出具有针对性的建议，以实现个性化教学。

（三）融合应用慕课平台，提高学习主动性

基于慕课平台推动高校英语翻译教学改革，实现信息化教学，已成为目前主要的发展趋势。特别是在全球疫情出现后，慕课更是成为高校开展线上教学使用的重要工具。而在翻转课堂教学模式的应用中，慕课即为教学实施的关键环节，而且，教师利用慕课优势，通过集成化在线学习平台，可实现教学一体化。从本质上讲，慕课和翻转课堂两种教学模式都具有线上、线下相结合和课外、课内相结合的特征，可使学生学习主动性得到有效提升，让学生积极投入学习。所以，在高校英语翻译教学中，教师应融合应用慕课平台与翻转课堂手段，从而提高教学灵活性，获得理想教学效果。而在翻转课堂教学模式下，学生作为教学主体，要具备较高自主学习能力，学生需要自主观看微课视频、主动记录笔记、独立完成学习测试，并积极参与小组研讨、发表自身学习想法、进行学习评价、总结学习反思。所以，教师应注重培养学生自主学习能力。首先，丰富学习资源，

增强学习趣味性，为学生创设生动的课堂，并采取激励、鼓励方式，激发学生学习兴趣。其次，引导学生独立思考，使学生敢于质疑、勇于探究、善于总结，帮助学生找到适合自身的学习方法，增强学生学习自信。最后，与学生积极沟通，强化师生互动，为学生营造和谐学习氛围，让学生在欢快学习环境中产生学习乐趣。

第六节　翻转课堂在高校英语文化教学中的应用

一、高校英语文化教学的意义

（一）体现英语课堂育人功能

在课堂思政的大背景下，语言学习也更加需要承担育人的功能。学生不仅仅在课堂上学习语言知识和技能，而且要学习语言背后的文化内涵。英语学习既可以使学生接触到西方的文化，也可以让学生更加了解中国优秀文化。而在中西方文化的交流中，学生可以提升自己的思辨能力、鉴别能力，从而不断地提升学生的人文品质，使学生具有良好的人文素养，成为具有优秀的中华优秀传统文化传播者。而在学习文化知识，提升人文素养的过程中，英语课堂可以塑造学生的人生观、价值观，实现育人功能。

（二）提升学生文化归属感

英语课程在实际教学的过程中，会让学生对于英语的基础性知识和相关语法有一定程度的掌握，培养学生英文的积累和文字理解能力，与此同时，在其中加入中国元素可以让学生充分提升文化归属感。

在外国的文字系统中可以感受我国文化所带来的独特魅力以及他国文献对于中华文化的描述，对于我国的人文风貌以及具体的文化内容有更加客观的理解和认知，帮助学生树立正确的价值观念，拥有良好的民族自豪感与文化归属感，让学生能够对于自身国家与民族的优势有更为明确清晰的认知，并将为之弘扬而努力奋斗。

处于教育阶段的学生除了专业知识、能力的学习外，对于人生的发展方向以及价值观的树立和确定而言也是十分关键的阶段，通过中国元素融入英语课程内容，可以帮助学生明确学习中心，将文化精神铭记于心，帮助学生在实际发展的过程中，能够将民族特色和中国文化以更符合时代表现需求的形式彰显于世界之林。

（三）有利于学生全面发展

随着时代逐渐发展和进步，各行业的发展体系逐渐完善，彼此之间的业务交流往来也更为密切，对专业型人才的能力全面性也有了更高的要求，因此对学生在学习阶段真正实现全面发展有着极强的必要性。将中国元素融入英语课程，可以让学生在英语课程学习过程中不仅仅只停留于英语专业知识的学习中，更能让学生对于我国文化的多种诠释有相应的了解，也可以帮助学生将不同学科联系起来，通过价值观的塑造和整体知识形态构建，为未来的全面发展奠定良好基础。

全面发展的要求不仅是让学生在德育、智育、美育、劳育和体育五方面有长足的发展和突破，更需要让学生形成良好的世界观、人生观与价值观，让学生对于自我有更为明确的认知，根据自身的天赋与潜能选择合适的发展方向，从而根据实际需要进行相应的专业技能培养。通过中国元素融入英语课程教学，可以让学生更加辩证地对知识内容进行理解，根据自己的学习需要进行课程重点的把握，为全面发展和综合能力提升助力。

二、基于翻转课堂的高校英语文化教学创新策略

（一）设计文化主题活动，引导学生在文化熏陶中探究思考

在新形势下，教师应该勇于尝试新的教学模式，真正落实"以学生为中心"，发挥学生的主观能动性。英语教师应该挣脱教材的束缚，善于借助各种线上资源与线下教学相结合，突破时空的限制，根据学生的年龄与特点巧妙地运用各种教学方式丰富学习环境，大力探索与开展各种文化主题活动，创设真实的文化交际活动，使学生沉浸式地在模拟的教学情境中感受与探索。

（二）第一课堂与第二课堂有机结合，积极开展文化实践活动

高校英语教学的课堂是第一课堂，是学生接收语言知识、训练语言技能的基础，也是教师培养学生跨文化意识和交际能力、传授中华优秀传统文化的主要阵地。各种文化实践活动、特色选修课、慕课平台、翻转课堂则为第二英语课堂，可以进一步加深学生对中华优秀传统文化的理解，拓宽学生的视野。在第一课堂中，教师应积极准备授课内容，加强文化知识与语言知识的结合，而不是单纯地输入文化内容。另外，教师可以积极引导学生进行中西方文化的对比，培养学生的辩证思维，尊重文化的差异。

例如，教师可以设置教学情境，让学生从字词句、对话、语篇中发现文化差异现象，学生也可以分析、讨论、辩论文化差异。教师应鼓励学生积极开展交流活动，自己搜集相关资料，深入讨论文化内涵，辩证看待文化差异，既可以加深学生对本国文化的理解，也可以让他们学习优秀的外国文化。高校的英语课堂不仅要在课上积极融入文化元素，课后可以积极开展各种实践活动、选修课等第二课堂。将第一课堂与第二课堂相结合，可以尝试改变传统的教学模式，增加学生的学习兴趣。

（三）提升教师自身文化素养，师生共同进步

英语教师在英语课堂上扮演着重要的角色，它既是语言教学的组织者，又是文化传播的引导者。所以说，教师自身的文化素养水平对于传统文化的融入具有重要的影响。教师自身具有丰富的传统文化知识储备，并且具备较强的专业能力，就会采取有效的方式把传统文化合理地融入英语教学之中，进而加深学生的文化知识，提高他们的文化素养。

但是就目前英语教师文化素养的现状来看，部分教师的传统文化素养比较低，他们对传统文化知识了解很少，也缺乏传统文化教育的意识，从而也就不能够高效地开展英语教学活动。因此，英语教师要转变教育思想，给予传统文化在英语课堂的融入以必要的重视，在不断地提升学生专业素养的基础上，不断地提升自身的传统文化素养，具体提升措施如下：

首先，教师要树立起传统文化的教育观念，提升自身的传统文化意识，以便能够在以后的教学中有意识地把传统文化融入教学之中。

其次，教师要积极地利用课余时间进行传统文化的学习，利用网络或者相关的书籍收集中西文化的相关资料，通过不断地学习和内化，有效地提升滋生的文化底蕴。

最后，教师也要积极地观摩优秀英语教师的传统文化教育活动，学习他们的教学经验，并结合自身教学的实际，有效地提升传统文化在英语教学中融入的效率。

第四章

翻转课堂模式下高校学生英语学习的问题及对策

当前，网络技术对人们的生产生活产生影响，对于传统的教学方式、教学理念等产生冲击，这给高校英语教学带来了新的活力。随着高校英语教学不断改革与进步，教学理念不断确立了学生的主体地位，因此在教学中教授给学生的学习技巧是非常重要的。在翻转课堂教学模式的指导下，高校学生需要正视自己学习中的问题，找准解决问题的对策，不断培养自身英语学习的兴趣和积极性，学会自主学习，进而更好地推进深度学习。

第一节　高校学生英语学习的问题

一、学习焦虑

（一）英语交际恐慌

1. 英语口头表达焦虑

口头表达焦虑是指说话者在没有安全感的情况下，由于表达水平有限或者受到紧张氛围的影响而引起的内心焦虑不安，导致交际无法正常进行。这种情况在英语学习的初级阶段比较常见，有时也会发生在中、高级阶段。

学生开口表述本来就存在一定的困难，再加上气氛紧张、沉闷或压抑，表述时势必出现焦虑情绪。表现焦虑的学生其想法不外乎以下几种：第一，自己不如别人；第二，讲不好失面子；第三，沉默是金。其典型的心理活动如下所述：

（1）不习惯用英语回答问题。

（2）想到要用英语表述就紧张、惶恐。

（3）那么多人盯着提问，害怕很不自然。

（4）害怕老师提问，害怕单独回答问题。

（5）现在不行，等适应了环境再慢慢争取机会。

2. 英语领会焦虑

学生在听的过程中不能充分发挥心理机制的作用，出现一些难以克服的困难。焦虑心理及表现如下所述：

由于领会困难，学生在语言交际或课堂师生交往过程中，听不懂，跟不上，自然而然产生一系列的消极心理，我们称之为"焦虑心理"。例如：

（1）听到讲英语就头发麻，心发慌。

（2）实在是每个字、每个词都注意到了，还是听不懂，真不知怎么办。

（3）在听和领会方面实在是无能为力。

（4）听不懂真是活受罪。

（5）对自己失去了信心。

（6）为什么别人都能听懂，而自己却不行。

（7）反正听不懂，跟不上，不如做点别的事。

领会焦虑在语言交际或课堂学习中常以下列形式表现出来：

（1）恐惧。害怕参与交际或与教师、同学进行课堂交往，进而发展到害怕上英语课，特别是听力课。

（2）烦躁不安。学生听不懂，抓不到重点，心烦意乱，坐立不安。

（3）抵触。学生因听不懂、跟不上而赌气。跟自己赌气，放弃交际和交往；跟老师赌气，摔钢笔、课本，不交练习，怨恨老师；或拿公共财物赌气，将桌椅弄坏，在墙上乱涂乱画，以发泄心中的不满。

（二）英语考试焦虑

考试焦虑是一种由于害怕失败而过于担心考试成绩的情感。英语考试是种类最多的考试，一直贯穿于学习的各个阶段，即便是日常成绩不错的学生也极有可能在考试中发挥失常，因此考试焦虑现象普遍存在。

1. 一般考试焦虑

不管是常规的还是非常规的英语考试，都会带给学生一定程度的心理压力，从备考阶段到成绩公布的整个过程中，学生时刻处在一种焦虑、心慌的状态下，一般可以概括如下：

（1）复习期间的担忧心理。英语考试题型众多，知识涵盖面广，基本不会组织系统复习，不划定考试范围。另外，听力和口语测试也带给学生很大的压力。要应对英语考试就要全部掌握听、说、读、写、译五项基本技能，但学生在备考时，常因为复习内容太多而不知如何下手，不清楚考试重点和学习要领，这种盲目复习加重了学生内心的焦虑、紧张。

（2）考试中的紧张心理。英语考试题量较大，对比其他考试，时间更为紧迫。学生很容易因为考场严肃的气氛而感到恐慌、不安，伴随出现无法集中注意力、视听困难、思维混乱，不能发挥自己的日常水平。有的同学由于紧张甚至会出现手发抖、忘写姓名的情况。

（3）交卷后的懊悔心理。学生交完试卷，走出考场，发现没有把握重点，大意失分，责怪自己平日没有好好学习，悔恨自己由于过度紧张没有答完。

（4）成绩公布前焦急不安心理。结束考试后，学生有一种急迫、不安、期待的矛盾心理等待成绩公布。成绩好的学生关注自己是否发挥了实际水准，是否能稳住排名。成绩一般的学生想知道自己是否有进步，排名有没有变化。基础较差的学生担心自己能否及格，排名是否进步。

2. 统考焦虑

英语是所有学科中统考最多的课程，在各个英语学习阶段都有相应的全国性质的考试。

统考是一种全国性质的考试，可以说从实施以来就对英语教学起了一定的推动作用。在我国高校学生学习中，大学英语四、六级和专业英语四、八级这两种统考有着十分重要的地位。考生逐年增加，考试成绩也逐年提高。由于统考在广大考生心中地位非同一般，所以大多数学生都会出现不同程度的焦虑心理，主要可以分为以下几种情况：

（1）不知所措。由于学生自身对统考了解并不深入，加之家长、教师过分夸大统考的意义和难度，导致考生对统考有一种"遥不可及"的初印象，在心理上产生恐慌、焦虑。面对统考，学生无所适从，不知道从哪里入手，紧张情绪进一步影响其学习效果，慢慢地就会形成恶性循环。

（2）情绪表现失控。在考试前很长一段时间，有些考生都一直陷在低迷的情绪状态，他们对周围的一切都失去兴趣，很少与教师、同学联系，几乎不去参与各种文化活动。虽然对英语感到迷茫、无奈，却也不敢出现一点松懈，所以就使自己在焦虑与痛苦之中无法自拔。

（3）生理机制失调。考试所以引起的焦虑、紧张在生理上有十分明显的表现，如出现神经衰弱、食欲缺乏、记忆力下降、精神涣散、头晕恶心等，一些情况较为严重的同学甚至还需要进行休息调理。

二、学习拖延

学习拖延作为一种特定情境下的拖延行为，一直以来都像人们对待任何一种拖延一样为人们所憎恶。家长和老师憎恶学习拖延，认为正是学习拖延导致学生学业成绩不佳，学习拖延是学生表现不好的罪魁祸首。但是，随着近年来对拖延问题研究的逐步深入，研究者逐渐认识到，学习拖延其实是涉及行为、情感、认知等各方面的心理问题，非常复杂，不能简单地把学习拖延归结为学生学习结果的唯一根源。一般而言，人们都会认为学习拖延不利于学习。具体来说，有如下几点：

（一）造成学业成绩不佳

学习拖延会导致学习者学业成绩不佳。学生在准备考试时拖延，无法充分备考，会直接导致考试成绩不佳，甚至考试不及格。学生平时学习拖延，教师布置的学习任务没有按时完成，会影响听课的效果，进而影响学生对基础知识的理解和吸收，最终体现在期终考试成绩上。考虑到期终考试评价方式的局限性，现在学校里普遍实行形成性评价，学生平时的作业与论文都会与最终考评相联系，因此平时作业和论文拖延也会影响学生的成绩。

（二）带来不良的情绪影响

学习拖延行为会导致学习任务无法完成，或者虽然完成但远远落后于规定进度，再加上考试成绩不佳等后果，学生往往会受沮丧、抑郁、焦虑等不良情绪的困扰，不良情绪又会加重学习拖延，形成恶性循环。

（三）降低自尊和自我效能

学习拖延除了会使学生受不良情绪困扰以外，其带来的学业上的失败还会使学生产生挫败感和学习无助感，严重影响学生的自信心和自我效能感，会降低他们的自尊，使他们怀疑自己的能力，影响以后的学习生活。

（四）影响身体健康

学习拖延给学生造成了不良情绪，在心理上打击了学生的自信心，学业失败给学生带来巨大的精神压力和自责，进而引发学生身体和心理健康出现问题。

三、学习动机衰退

动机是激发人们展开行动的内部力量，是个体发动行动、维持行动的一种心理状态。一个人的动机往往与其是否能够满足自身需要有着紧密的联系。而英语学习动机是个体展开英语学习的强烈愿望，是推进英语学习的内部动力。只有有动机的英语学习，才能取得较好的学习结果；如果是无动机的英语学习，往往是将英语视作一种学习负担，很难取得较好的英语学习效果。[①]

英语学习要将学习动机的广义和狭义作为研究前提，对英语学习动机进行细致区分。一般情况下，我们可以将英语学习动机的内容概括为四种（图4-1），即影响因素、动机状态、语言学习结果和相关因素。

[①] 王志敏.外语学习动机激发策略的理论与实证研究[M].北京：光明日报出版社，2014.

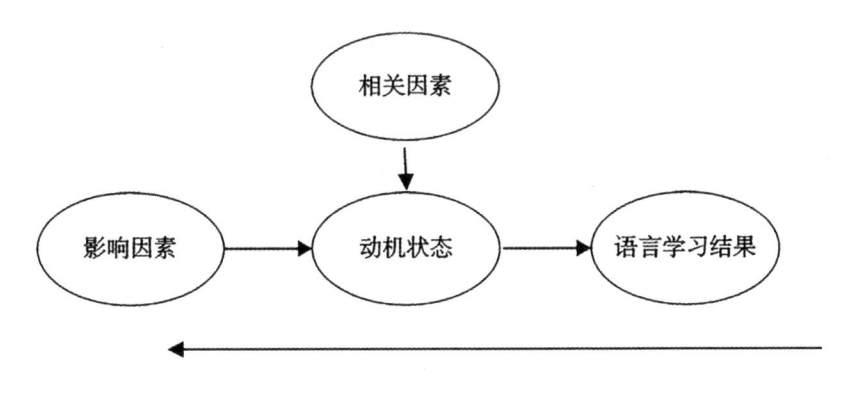

图4-1 英语学习动机研究内容

通常来说，影响因素就是动机的原因，它包括归因、倾向性、语言环境等产生动机的各种直接因素。语言结果和非语言结果是语言学习结果的两种表现形式。语言结果指的是受动机作用的影响而收获的语言知识和能力；非语言结果指的是在语言学习的过程中可能会造成情感、态度层面的结果，如出现满足、期待、焦虑等情绪。除此之外，由于非语言影响因素和结果在内容上有一定的重合，因此动机同样也会受到非语言结果的影响。动机中包含存在差异化的因素，如性别、年龄、性格、风格等。这些因素往往会因为个体的差异化而产生不同的动机，但是其并不会随着发展而发生变化。英语学习动机系统的内在结构是由影响因素、动机状态和语言学习结果共同构成的。

（一）内在动机与外在动机

内在动机往往是在学生内部起作用的动机，是由学生对学习的兴趣、需要、理想、好奇心、自尊心、责任感等的内在因素转化成的，因此具有主动性与积极性，这对于英语学习而言有着巨大的意义。

外在动机是指英语学习受外部因素的影响，由外部因素激发，如考试压力、社会要求、伙伴认可、父母奖励、荣誉奖金等引发起来的，表现为心理上的压力。受外部因素的影响，学生不得不进行英语学习，如为了获得文凭、为了以后工作的需要等，但是由于外在动机是受外部因素影响的，且外部因素不断变化，因此外在动机也具有较大的可变性。

（二）主导性学习动机与辅助性学习动机

主导性学习动机的动力非常强，主要起着主导性的作用，并会随着学生的成长不断发生改变。例如，大一学生的英语主导性学习动机主要是为了获得教师、家长的认可；到了高年级，其主导性学习动机变成了获得优异成绩，找到一份好的工作。

辅助性学习动机的动力一般比较弱，主要是起着辅助的作用。这一动机可能不仅仅只有一个，而是很多个，如得到奖学金、获得赞赏等。

（三）远景性学习动机与近景性学习动机

远景性学习动机与学习活动之间并没有直接的关联性，而是间接性的，其对于学习活动的价值、结果等起着强调性的作用。这一动机与英语学习的社会意义之前有着紧密的联系，对英语学习的主动性产生有力的影响。也就是说，这类动机与长远活动关系密切，具有极强的稳定性。

近景性学习动机与学习活动有着直接的联系，是直接的，主要是由学习活动本身引起的，表现在对英语这门学科的兴趣和积极性上，通过学习获得成功的结果和体验。这类动机可能是因同学之间的竞争引起的，也可能是由教师、家长等施予的压力引起的。

四、学习情感障碍

情感障碍具体表现为焦虑、厌倦、恐惧、紧张、冷漠等。通常情况下，如果学生心理压力很大，思想过于紧张，势必会使其学习效果大打折扣。

（一）担心否定的社会评价

有些学生害怕给老师、同学留下负面印象，为了维护自身形象采取消极态度面对各项课堂活动。

（1）逃避。学生过度关注自身缺点，担心自己无法回答教师提问而最终选择放弃。

（2）白日梦。学生因回避课堂活动，心不在焉，一任想象天马行空。他们从外表看表现得文静、守纪，但内心却想入非非，心猿意马。教师向其提问时，仿佛没有听见，毫无反应，或者要其回答课文上的问题时，半天找不到地方。[1]

（3）过分依赖。学生缺乏自信，一味地依赖教师或班上同学。特别是在学习遇到困难时，望而生畏。作业难度大，完不成，不是积极思考，努力想办法，而是等待同学的帮助、老师的讲解。练习做不出，等着对标准答案；作文写不出，等着参看范文。

（二）存在挫折心理

1. 攻击

对班上英语成绩好的同学不服气、看不惯，认为他们在课堂上积极发言是图表现、出风头。老师对成绩优异者稍加指导或偶尔与他们多交谈一会，便认为老师不公平，偏爱好学生，看不起成绩不好的学生，因而有时攻击老师和成绩好的同学，以获得心理上的平衡。

2. 退化

退化也称"回归"，是指个体受挫后表现出的一种与自己的年龄、身份很不相称的幼稚行为。例如，有的学生听力跟不上，不是多听多实践，而是看到大部分同学在突击记单词，也盲目地拿着词汇手册，跟着死记硬背单词。

3. 冷漠

有些学生在英语学习过程中受了挫，产生冷漠心理，普遍地表现为对英

---

[1] 文卫平，朱玉明.外语学习情感障碍研究[M].西安：西北大学出版社，1998.

语提不起兴趣。他们认为，反正学不好，不如把精力花在其他功课上。上英语课、做英语作业或参加英语考试勉强应付，马虎了事，缺乏应有的热情和兴趣。

4. 固执

学生英语学习不好，有很大一部分原因是方法不对，受挫的学生心理上并不灰心，也不服气，认定自己的方法是行之有效的，固执己见，我行我素，而且有什么想法埋在心里，不愿外露，学习上呈闭锁性，孤芳自赏，自以为是。

5. 逆反

学生考试不及格或课堂语言实践中自尊心受到了伤害，产生失败者心态，对学习无兴趣，对老师的感情表现淡漠，采取封闭和疏远态度，甚至产生对立情绪，不接受正面的教育和影响，不按老师的要求或课堂要求行事，心里和老师同学对着干。例如，该交作业的时候不交作业，该发言的时候不发言，而不要求讲话的时候却念念有词，埋怨老师、同学不给其机会。

（三）存在苦恼心理

第一，学习方面的苦恼。学生在学习方面有下列烦恼：觉得有些学科没意思，有些学科总是学不好；自己花了时间，成绩总是上不去；老师讲课枯燥无味，但又不得不去；作业不会做，但无从问起；基础差，底子薄，赶不上别人；成绩差，无人关心；学习不得法，又无人指导；考试太多；课业负担太重；学习条件差。

第二，学校生活方面的苦恼。在学校生活方面学生常因一些无法克服的矛盾引起内心不快，如校园生活单调、枯燥；个人兴趣、爱好受到抑制；班级学风不好，影响学习；做了好事或工作积极却得不到理解；学习刻苦、成绩好却受到孤立。

第三，家庭生活方面的苦恼。家庭的压力也使学生的情绪受到干扰，如家庭经济困难，负担重；家庭不和睦，经常生气；父母不理解自己，一味强调学习；父母在自己学习就业问题上无能为力。

第四，同学朋友关系方面的苦恼。学生在交友过程中常生出不少苦恼，如没有人理解自己；朋友不忠实；学习不好，同学看不起自己；和同学相处不好，得不到同学朋友的帮助。

第五，师生关系方面的苦恼。例如，老师偏心、不公正；老师不关心学生，态度冷漠；老师粗暴，缺乏爱心和耐心；得不到老师的关心和尊重；不能和老师坦率地交谈；师生交往少。

学生对于自己的苦恼是如何处理的呢？一般有以下四种情况：

第一种情况：自己解决。例如，跟要好的同学讲，一吐为快，或告诉老师、家长，及时排遣。

第二种情况：置之不理，听其自然。

第三种情况：没有办法，干生气，或者忍着，窝在心里。

第四种情况：以报复、顶撞的方式发泄。

很明显，第三种和第四种处理方式带来的问题及负面影响较大。

第二节 高校学生英语学习问题的内外调适对策

一、高校学生英语学习问题的内在调试策略

（一）学习焦虑问题的调试策略

当前，在我国的高校英语教学中，英语学习焦虑已经成了一个重要的障碍，考虑当前高校学生的英语学习焦虑情况，需要找寻恰当的策略解决这些突出的问题，努力克服学习焦虑。具体来说，可以从如下几点着眼：

1. 激发英语学习兴趣

兴趣是人们对某物进行认识或者对某项活动非常喜爱所产生的积极情绪色彩，是推动人们展开活动的积极因素与活跃动机。众所周知，兴趣是最好的老师，是学生能够获得知识并取得成功的前提和基础。一个人只有具备浓厚的兴趣，才能激发他们主动参与到学习中。一些学者认为，学生对英语这门课程是否喜欢，是影响学生焦虑的一个重要层面，因此在高校英语教学中，教师要努力培养学生的学习兴趣，这样可以避免他们产生焦虑的心态，从而不断提升学生的英语学习水平。

（1）建立和谐的师生关系

教师和学生应该努力建构和谐的关系，因为这种和谐融洽的关系有助于学生形成对教师的好感，从而愿意投入英语学习中。在高校英语教学中，如果教师表现出热心与尊重，这样会让学生产生一种情感依附，从而不自觉地向着教师期盼的方向前进。

在教学中，教师还需要掌握批评的艺术，即尽量将批评与表扬结合起来，维护学生的自尊心，适当采用委婉的语气，对学生的错误进行指点，从而帮助学生改正错误。需要指出的是，教师应避免使用简单粗暴的批评手段。

（2）创设生动的教学情境

在高校英语教学中，教师不应该采用单一的教学手段，应该采用直观且与高校学生心理发展规律相符的教学手段，这样可以将学生英语学习的积极性激发出来。教师需要巧妙运用实物，尤其是将教学环境中的人与事物等都充分利用起来，让教学内容更加形象生动，这样便于学生学习与记忆内容。

另外，教师还需要对教学内容的脉络进行把握，将复杂的知识转化成简单的语言传授给学生，并采用不同的手段，尽量与现实贴近展开教学，保证教学内容的新颖性，通过吸引学生的注意力而让学生对英语学习产生兴趣。

（3）融入丰富的课外活动

对于高校英语教学来说，课外活动属于一种辅助，是课内活动的延伸。课外教学与课堂教学紧密结合，并不是要求课外教学重复课内教学的内容，而是基于英语这门学科的特点，从课外教学活动出发，教师应该为学生创设条件，让学生主动参与到课外实践中，真正地调动起英语这门学科的活跃性，让英语学习更加真实、具有动感。

当然，英语课外活动的形式多种多样，如唱英文歌曲、参加英语角活动等。同时，为了调动学生英语学习的积极性，教师也可以定期举办英语演讲比赛。在举办活动时，教师应该加强监管，不能放任自流，要做好活动规划，并不断对其进行调整，以保证活动更加有效。

（4）借助多媒体教学手段

多媒体技术是一项极富潜力的教学模式，自出现以来，在高校英语教学中就发挥了应有的魅力。多媒体技术集合文字、图像、视频等为一体，这就给活动增加了别样特色。在高校英语教学中，教师应该具有现代化意识，采用多媒体展开教学，充分将课件中的文字、图像等作用发挥出来，吸引学生的眼球，让学生愿意学、乐于学，摆脱英语学习焦虑的困境。

2. 开展英语合作学习

根据研究表明，课堂氛围是影响学生产生焦虑情绪的一项重要因素，对课堂氛围加以改善，有助于缓解学生的焦虑。[1]合作学习起源于20世纪70年代，被人们认为是一项成功的教学改革，因此受到了人们的关注。合作学习主要是对课堂教学中的人际关系展开研究，将目标设计作为先导条件，让学生之间展开合作，往往采用分组的形式，最后展示结果，教师查看团队中学生的表现以及最后的团队成绩。显然，合作学习这项手段融合了理论与实践，对于缓解焦虑非常有效。

（1）"组内异质，组间同质"

小组内部应该保持异质，即小组内成员的水平、性格等要保证差异性。同时各个小组之间的水平不能相差太大，应该在每一组中都包含优等、中等、较差学生。因此教师在开展合作学习之前，应该了解每一位学生的英语水平及性格特点等，这样便于分配，以保证小组之间的公平竞争。

（2）以团体成绩为评价标准

因为合作学习是以团队形式完成任务的，因此在评价标准上也应该考虑

---

[1] 刘妮.普通高校高校学生外语学习焦虑研究[D].西安：西安外国语大学，2011.

团队成绩，要求每个人在完成任务的过程中都能取得进步，这样可以在一定程度上缓解学生因为比较而产生的自卑心理。

（3）强调和谐的师生关系

在合作学习中，教师不再是活动的控制者与传授者，而是充当任务的制定者与组织者的角色，学生也不再是倾听者，而是转变成积极的参与者，这种互动的关系便于学生消除自卑感与胆怯心理。

（4）建构互助互爱的生生关系

除了师生关系的和谐，通过合作学习，生生之间也保持了一种和谐的关系。因为每一名学生的知识结构、智慧水平、个性特征都存在差异，而合作学习恰好能够使这些不同的学生相互启发与交流，从而彼此补充、共同提高，大大减少了学生与学生之间因为不和谐带来的紧张气氛，从而不断提升学生英语学习的水平。

3.培养自尊自信

在英语学习焦虑的影响因素中，负评价恐惧是其中仅次于考试焦虑的一个层面，主要表现在课堂上学生怕教师提问自己，即便提问自己又担心自己回答不好而受到教师的批评。负评价恐惧主要源自学生对自己的不自信、对自己学习的不自信，这些都是受自己自尊心的影响。学生产生学习焦虑，往往与自身的自尊、自信有着紧密联系，这就需要教师采用恰当的手段，对学生的自尊心进行保护，同时努力培养学生的自信心，这对于缓解他们的焦虑十分重要。

（1）合理纠正学生的错误

在英语学习中，教师需要明确学生在回答问题时出错是难免的，如果学生答错，教师应该从保护学生自尊心的角度入手，不要刻意纠错，尽量减少对他们错误的纠正，同时寻找恰当的纠错方法。当学生的自尊心得到了保护，那么他们会将内心的欲望逐渐释放，慢慢跟紧教师的步伐，与教师达成一种默契。当然，要想保证纠错方式有效，需要考虑如下几个因素：

第一，考虑学生的个性特征。如果学生是敏感性格，那么尽量减少对学生本身的评价，而是针对问题展开评价，避免学生产生心理负担。如果学生比较内向，尽量避免在公共场合纠正学生的错误，而是单独与学生进行交流。

第二，考虑纠错的时间、地点以及纠错的语气。教师在纠正错误时尽量选择在轻松的氛围中纠正，对于个别学生突出的问题，避免在公共场合纠正，应该选择课后进行纠正。对于学生普遍存在的问题，教师可以在课堂上进行指出。

当然，为了对学生的自尊心进行保护，教师除了要纠正学生的错误，还需要多进行表扬和鼓励，挖掘每一名学生的优点，并且有意识地放大学生的优点。这会让学生感受到自身在学习中的价值，从而将这种情绪扩展到英语学习中，促进自己获得良好的英语学习效果。

（2）培养学生的自信心

自信心的增强可以帮助学生战胜学习焦虑。实践显示，如果学生的自信心较强，他们的学习焦虑感会比较低，不会受到外界因素的影响，便于将自身能力与水平充分发挥出来，同时认识到自身具有某项能力，也有信心将英语这门语言学好。

一般来说，要想提升学生的自信心，可以从如下几点着眼：

第一，对学生寄予厚望。因为期望较低，学生的自尊心也较低，更不用说自信心了。当然，如果期望过高，学生很难实现，也会挫伤他们的积极性，让他们变得更加忧心忡忡。因此，教师要设定合理的期望，从学生的智力水平、能力需求出发，让学生自己相信自己能行。

第二，让学生感受到成功的喜悦。在课堂上，教师应多多鼓励学生，并从问题的难度考量，提问学生，然后鼓励与表扬学生，这样可以进一步帮助他们建立自信。

4. 缓解学习与考试压力

一般来说，造成学生焦虑的最主要原因就是考试。所谓考试焦虑，即学生在考试之前感受到一种威胁或者在考试的刺激下引起某些不安，是与注意、认知评价等紧密关联的一种紧张、恐惧情绪。

由于我国学生都是在汉语教育背景下长大的，很多学生的学习焦虑源自各种考试，当然英语学习也是如此。而且，进入大学之后，英语四级考试也使学生更为焦虑。因为学生焦虑，导致他们的考试结果并不理想，并且严重影响了学生的身心健康。因此，教师应该对学生进行心理疏导，帮助学生进行学习与考试，将学习的积极性发挥出来，提升学生的心理素质，促进学生的全面发展。

这里教师就充当了一名"心理咨询师"的角色。具体来说，教师应该指导学生做到如下几点：

（1）形成正确的应试动机

教师应该引导学生形成正确的应试动机，明确考试的意义所在。心理学家说过：人的认识会对人的情绪产生直接的影响，如果信念不合理，会导致情绪不良或者产生不适应性行为，进而产生心理问题。因此，教师应该帮助学生端正考试态度，树立正确的应试动机，勇于面对各种考试，放松自己的心情，使自己的思维达到最好的状态，这样才能取得理想的成绩。

（2）培养良好的人格

时常心理紧张、考试焦虑可能会导致学生无法安心学习，因此，教师应该组织学生参加各种有益身心的活动，磨炼学生的意志，培养他们形成良好的人格，提高学生的心理素质，尤其是那些具有竞争性的比赛，如演讲比赛等。通过这些活动锻炼学生的能力，提升学生的应变能力，这可以有效减轻学生的焦虑。

（3）树立良好的考试信心

有些学生在考试之前往往容易紧张，总是担心自己准备不充分，无法取得好的成绩，让自己的心理产生恐惧，反而更容易在考试时一团糟，成绩也不尽如人意。因此，教师应该列举一些英语学习的成功案例，对学生进行引导，帮助学生树立考试的信心，帮助他们卸下心理的包袱、稳定自身的情绪，保持平常心。如果学生在考试时不自主的紧张，应该学会自我调控，自我暗示自己能行，自己给自己打气，相信自己一定可以取得优异的成绩。这些形式都是为了降低自己考试之前的焦虑。

（二）学习动机衰退的调试策略

当前，很多教师十分关注如何调动学生的学习积极性，而动机激发策略对于学生的英语学习有着十分重要的作用，因此很多学者对其展开了研究。

1. 激发内在动机

当前，普遍认为比较有效的动机策略不仅包括内在动机策略，也包括外在动机策略。但是，从一定条件来说，外在动机可以转化成内在动机，因此教师应将内外动机结合起来，从而更好地激励学生。具体来说，教师可以从如下几个层面激发学生的内在动机：

（1）激发学生的兴趣

在教学中，学生具备浓厚的学习兴趣，有助于他们投入学习中，也决定了他们学习能够获得成功。海德等人提出了兴趣培养的四阶段模式。

阶段1：情境兴趣的激发

所谓情境兴趣的激发，即认知或者情感短期改变产生的一种心理状态。一般来说，一旦情境兴趣被成功激发，就可能持续一段时间，只不过持续的时间可能较长或者较短，并且这种情境兴趣也有助于学生建构自己的学习内容。要想激发情境兴趣，除了依靠外部因素，还可以通过小组活动、电子设备等。

阶段2：情境兴趣的维持

所谓情境兴趣的维持，即情境兴趣激发后产生的一种心理状态，往往是较长时间内持续的一种心理倾向，需要借助教师或者其他同伴的支持，使情境兴趣得到加强和维持。当然，也不能仅仅依靠外部力量，学生自己也需要创造环境和条件，如参加一些小组活动。

阶段3：个人兴趣的产生

所谓个人兴趣的产生，实际上是一种心理状态，即对某一特定内容产生持久的兴趣。要想形成个人兴趣，学生需要对学习内容予以高度重视，无论是否得到外部支持，学生都需要投入学习之中，并对自身学到的知识进行巩固。同时，学生在学习过程中发现自身的问题，找到适合自己的学习行为，对更多信息进行积累。在这一阶段，学生更多是自发形成，虽然有很多外部条件的支持，但是更多的是个人的调节与反思。

阶段4：个人兴趣的发展

所谓个人兴趣的发展，同阶段3一样，是一种心理状态，也是对某一特定内容的关注。在这一阶段，个人兴趣得到不断强化，并且除了提出问题、对学习进行自我调节外，还能够克服困难，发挥自身的主观能动性。

当然，在这一阶段，外部环境、专家等的引导也有助于个人兴趣的发展。

①英语教学中情境兴趣的激发和维持。在英语教学中，教师可以通过选择教学材料、设计学习活动、利用信息技术等，将学生英语学习的兴趣激发出来。

在选择教学材料的时候，教师应该坚持三个因素：连贯性、生动性与细节具有吸引力。所谓连贯性，即要求材料内容连贯、结构清晰，这不仅便于学生理解，而且容易吸引学生的注意力。所谓生动性，即语言较为形象、内容更为新颖，如果材料能够提供新颖的知识，减少生僻的语言，很容易让学生觉得有趣。所谓细节具有吸引力，即尽量选择能够吸引学生注意力的内容，如爱情、友情等话题。

在设计学习活动时，应该将听、说、读、写、译各项技能考虑进去，并且可以听说结合、读写结合、读译结合等两两结合，这不仅有助于学生提升自身的语言综合能力，还避免了学习的枯燥性。另外，活动形式应该多样，如角色扮演、小组讨论等。

②英语教学中个人兴趣的培养和发展。在英语教学中，教师应该从学生的需求出发，激发学生的好奇心，为学生提供必要的指导。只有从学生的需求分析入手，教师才能将学生的学习兴趣调动起来。当然，关键是选择适合的学习活动的主题，这些主题能够激发学生的学习兴趣，当然不是说所有的全新主题就能激发学生的好奇心。很多时候，学生对某些熟悉主题的某些方面会产生好奇心，这些好奇心就促使学生探索新问题、获取新信息。

在好奇心的驱使下，学生开始寻求解决问题的方法。具体来说，可以从如下几点着眼：

第一，学习之前，首先进行思考，确认需要解决的问题。

第二，确认与问题相关的所有事实。

第三，解决问题。

第四，进行思考，不能草率地做出问题的结论。

第五，多思考一些问题的解决方法。

第六，如果被问题难住，不应该退缩，应该继续思考。

第七，着手去分析一些不太可能的想法，即假设是可能的，并着手分析。

第八，留意问题中困惑的细节。

总结起来，主要是要求学生应该多进行独立的思考，教师在其中应该发挥指导的作用。当然，指导不是代替，而是给予帮助，让学生能够承担自身的学习任务。也就是说，如果学生遇到困难，不是立即伸出援手帮助学生解决所有麻烦，而是让学生先尝试解决，然后在合适的时候给出提示和帮助。

（2）满足学生能力需求

如果学生相信自己能够胜任某项任务，那么他们就会愿意去做、去承担。学生的能力需求从多大程度得以满足，需要考虑多个因素，如学习任务的难易程度、学生自身先前的学习经历、学生自身具备的学习水平等。当然，学习任务的难易程度应该与学生自身的能力水平相符，能够让学生胜任这项活动，同时也需要具备挑战性。如果任务过于简单，就会降低学生的成就感，导致很难提升学生的自我效能感。

努南（Nunan，1989）对影响任务难度的因素进行了分析，具体如图4-1所示。

布林德利（Brindley，1987）认为，除了学生要完成的任务活动本身以及学生的自身特征，任务难度与教师也有着密切的关系。在布林德利看来，任务难度的影响因素主要有如下几种，如图4-2所示。

通过分析这些影响因素，我们知道教师应该尽可能选择那些与学生知识、能力水平相当的材料，如果任务材料的难度较大，教师可以设计一些简单的任务，并且为学生提供一些帮助和指导，或者给予学生充足的时间准备。反之，如果任务难度较低，应该适当增加难度，可以让学生独立完成，也可以缩短学生完成任务的时间。

当然，学生如果对自己丧失信心，在面临困难的时候，他们很容易焦虑，这种焦虑必然会导致兴趣的下降、自信心的不足。因此，教师应该创设愉快的学习氛围，缓解学生的焦虑感。另外，教师还要避免对学生进行优劣的对比，避免伤害学生的自尊，应该引导学生对学习内容多加关注，从而帮助他们掌握知识和内容。

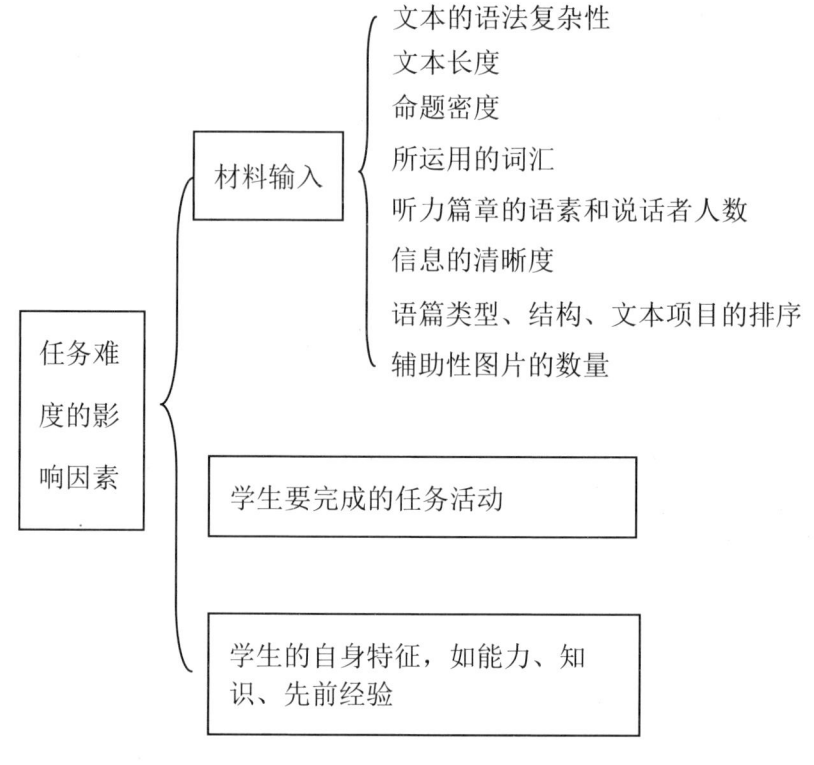

```
                    ┌ 文本的语法复杂性
                    │ 文本长度
                    │ 命题密度
           ┌ 材料输入┤ 所运用的词汇
           │        │ 听力篇章的语素和说话者人数
           │        │ 信息的清晰度
           │        │ 语篇类型、结构、文本项目的排序
任务难度的  │        └ 辅助性图片的数量
影响因素   ┤
           │
           ├ 学生要完成的任务活动
           │
           └ 学生的自身特征，如能力、知识、先前经验
```

图4-1　努南的任务难度的影响因素

（资料来源：王志敏，2014）

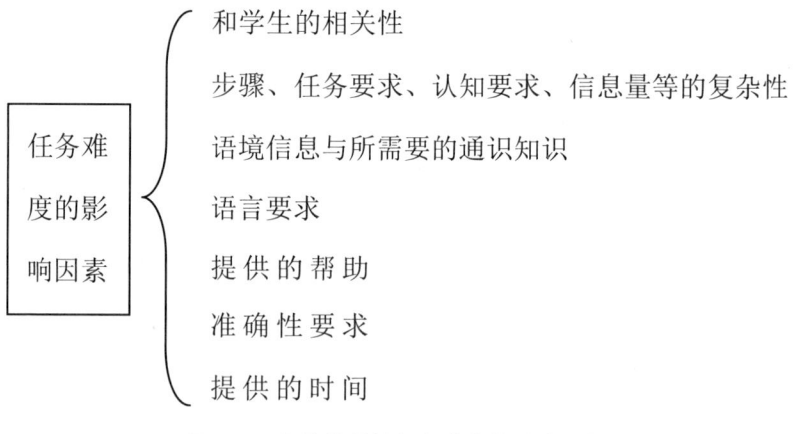

```
                    ┌ 和学生的相关性
                    │ 步骤、任务要求、认知要求、信息量等的复杂性
任务难度的影响因素 ┤ 语境信息与所需要的通识知识
                    │ 语言要求
                    │ 提供的帮助
                    │ 准确性要求
                    └ 提供的时间
```

图4-2　布林德利的任务难度的影响因素

（资料来源：王志敏，2014）

（3）满足学生归属需求

所谓归属需求，即学生需要与他人建立一种愉快的关系，从而使自己获得归属感。在英语教学中，对学生归属感的满足，要求教师与学生建构信任、和谐的关系，并通过小组凝聚力促进学生之间的团结相处。

教师的亲和力能够将师生之间的距离拉近，促进师生之间更加和谐。常见的教师亲和力主要体现在语言行为与非语言行为两个层面。其中，语言行为涉及风趣的言语、亲切的问候、真诚的赞美等，非语言行为涉及教师与学生的目光交流、教师的微笑、生动的手势语等。

虽然在高校英语课堂中，学生人数较多，教师仍旧需要花费一定的时间，争取在短时间内记住学生的姓名，这样直接呼喊学生的名字也可以拉近与学生之间的距离，总比"那位靠窗户的同学"这样的言论更加尊重学生。同时，在课下，教师也要利用机会与学生进行交谈，增进对学生的了解，同时主动与学生分享感悟与经历，让学生对自己有所了解和熟悉。

通过实际行动，教师表达对学生的关心，具体的做法如下：

第一，提供给学生一些具体的帮助。

第二，对个别的学生给予辅导，为学生解答困惑。

第三，学生需要帮助的时候，教师应立即回应。

第四，教师及时批阅学生的试卷。

第五，教师定期给学生发送一些有趣的、与学习内容相关的文章。

第六，组织学生开展课外学习。

第七，当学生学习不顺利时，教师给予特别关注。

从分析中可知，教师只有付出真心，才能换回学生的爱戴。当然，除了师生之间的关系，生生之间的关系也非常重要，只有生生之间互助合作，才能形成一个具有凝聚力的小组或者班级。为了让学生之间互相了解，教师可以组织一些"破冰行动"，让学生彼此记住名字，交换个人的信息，之后可以提供一些机会，通过一些任务加深学生之间的了解。教师可以设计一些小组任务，并让小组内部成员展示成果，提升学生的集体意识，也可以创造机会让学生共渡难关，接受挑战等。

2.激发外在动机

要想激发学生的外在动机，教师应该让表扬更加有效、以批评温暖人心。

（1）让表扬更加有效

学生都希望得到教师的表扬，教师也希望通过表扬让学生的学习能够蒸蒸日上。但是，作为一种激励手段，表扬并不像我们想象的那么简单。恰当的表扬能够增加学生的自信心，培养他们的进取意识；如果表扬不恰当，反而会出现适得其反的结果，甚至让学生失去学习的兴趣和积极性。

教师何时表扬学生、如何表扬学生，需要依据一定的标准。表扬应该有标准和条件，教师应该对那些真正付出努力的、取得学习进步的学生进行鼓励。那些随意的表扬，显然不会起到激励的作用。这并不是说只有那些成绩突出的学生才能获得表扬，一些学生本身基础薄弱，取得了一定的进步也应该受到表扬。教师也不能仅仅因为学生参与了任务就大肆对他们进行表扬，而是应该关注他们在任务完成过程中的实际表现。

（2）以批评温暖人心

批评和表扬看起来是对立的两个方面，实际上有着异曲同工的作用，都是教师激励学生的手段。与表扬一样，批评如果运用得当，也会对学生起到一定的激励和鞭策作用。如果批评不当，很可能导致学生的自尊心和自信心受挫，引发学生对教师的抵触。虽然批评不如表扬那般受欢迎，甚至很多学生认为批评是丢脸的，是很不愉快的经历，但是教师恰当的批评也能够传达出"我很在意你""我不放弃你"的意思，这就能够发挥出批评的正面积极意义。

在批评时，教师需要注意如下几点：

首先，教师要告诉自己批评的目的在于促进学生的进步，而不是对学生进行惩罚。因此，批评应该是从教师内心出发的，是对学生的期待，而不是为了发泄自己的情绪。教师的批评可能是委婉的，也可能是直截了当的，切记不要挖苦学生，不能使用暴力的语言，否则只会起到负面的作用。

其次，教师在批评学生时应该公正、客观，只是就事论事，而不是批评学生个人，不能因为学生的某一项错误而否定学生这个人。每一名学生都有自身的优点和长处，教师应该让学生知道自己并未忽略他们的优点，只不过希望他们改正自己的缺点，让自己的优点更加凸显，让自己更好、更优秀。

（三）学习拖延问题的调试策略

1. 提高自我管理能力

所谓自我管理，即自己对自己进行管理，是个体对自身目标、思想和行为、心理等展开管理，自己组织自己、自己管理自己的各项事务、自己对自己进行约束与鼓励，从而实现奋斗目标。自我管理从某种程度上说就是所谓的自我控制，个人通过自身的内在力量，采取一些技巧和方法，对自己的行为进行改变，减少不良行为的出现。

如何克服高校学生英语学习的拖延行为呢？一些学者认为，学习拖延是学生没有对自身展开有效的管理与控制产生的。实际上，之所以出现学习拖延，是因为自己对自己管理失败，是自身调节能力差的表现。因此，我们认为要想减少高校学生英语学习中的拖延情况，需要对自己进行管理，具体来说，可以从如下几点展开：

（1）合理管理自身的时间

研究发现，很多学习拖延的学生对时间管理不善，导致很难在规定的时间完成任务，出现了拖延的情况。[1]因此，要想改善高校学生英语学习的拖延情况，首先就应该让他们学会管理时间。所谓时间管理，即运用一定的技巧，有效与灵活地运用时间，从而为了自己的目标奋斗而努力。下面就来介绍一些简单的时间管理技巧。

第一，制订工作计划，确定工作的主要手段与方法，详细周到地列出具体的步骤。

第二，将一些工作进行分配，让他人帮助分担，这样便于提升自己的效率。

第三，保证计划详细、具体，并进行排序，根据事情的轻重对时间进行安排。

---

[1] 史利红.大学外语教学中学习拖延问题研究[M].北京：北京理工大学出版社，2019.

第四，对于一些重要的事务，在保证头脑清醒的情况下完成；对于一些不是特别重要的事务，在自己效率不高时完成。

第五，将一些优先处理的事项列出来。

第六，为计划预留出一定的时间，避免发生意外情况。

第七，忽略一些本身没有意义的事情。

第八，对于同类事务，最好一次性完成。

第九，要严格规定完成的期限。

第十，不要苛求事事完美，而是应该追求高效地完成事务。

第十一，学会使用碎片化的时间。

第十二，如果遇到浪费时间的人，一定要说不；对于不必要的事务，一定要说不；对那些空洞的事情，一定要说不。

第十三，确定最佳时间，达到一定程度的平衡。

第十四，训练判断时间。

（2）制订合理的英语学习目标

在学期开始之前，高校学生应该为自己制订合理的英语学习目标。所谓合理，即适度，如果制订的学习目标过高，那么学生在英语学习时会丧失信心；如果制订的学习目标过低，那么学生在英语学习时就会松懈，也很难激发学生学习的兴趣和积极性。因此，高校学生应该从自身的英语学习需要出发，设定一个合理的目标，并且这个目标通过自身的努力可以达成。

（3）制订科学的英语学习计划

为了实现设定的英语学习目标，高校学生需要制订科学的英语学习计划。例如，高校学生要想通过英语四级考试，那么他们需要在三个月内记忆一遍单词，并在一个月或者一周内对单词进行复习。另外，为了通过考试，学生应该系统地做练习，并且从练习中进行总结，从而保证考试的顺利。显然，没有计划，目标就是一句空谈。

（4）采取恰当的英语学习方式

设定了目标、制订了计划，下一步就需要实施计划，而要想顺利地实施计划、实现目标，就需要采用恰当的学习方式，这是目标达成的重要保证。采用恰当的学习方式，可以帮助学生提升英语学习的效率、节约英语学习的时间、激发学生英语学习的动力、克服学生自身的英语学习拖延行为。

（5）实施自我规范与监督

所谓自我规范与监督，即学生对自己的动机、行为等进行自觉调整，使这些动机、行为与社会规范相符合，实现既定目标。高校学生应该监控自身的英语自主学习行为，并调整具体的英语学习计划，对于一些非学习行为，学生应该给予惩罚；如果完成了任务，也应该给予奖励，严格按照这套标准，克服自己的英语学习拖延情况。当然，如果有必要，学生也可以邀请其他人来监督。

2.改善自身认知水平

为了克服学生英语学习中的拖延问题，学生除了提高自我管理能力外，还需要改善自己的认知水平，具体来说可以从如下几个层面着眼：

（1）提高自我效能感

所谓自我效能，即一个人基于特定的情境，从事某一行为或者某些行为，并取得预期效果的一种能力。从很大程度上说，自我效能指的是个体对自我有关能力的一种感觉或者感受。当然，自我效能还指代人们为了实现某一目标所需要具备的信心与信念，即个体对自己能够获得成功的信心。用三个字概括就是"我能行"。因此，自我效能对于学生英语学习动机有着很大的激发作用。如果一名学生的自我效能高，那么他们的学习动机就会很强，会积极采用各种手段，对自己的学习计划进行调整，因此也容易获得较好的成绩；相反，如果一名学生的自我效能低，那么他们就缺乏英语学习的自信心，缺乏学习动力，因此也不会获得较好的学习成绩。

通过对高校学生英语学习拖延进行研究不难发现，学习拖延与自我效能呈现负相关的关系。如果一名学生的自我效能高，那么他一般不会有学习拖延的情况；相反，如果他的自我效能低，那么他很可能出现学习拖延的情况，甚至可能非常严重。那么，如何提升高校学生的自我效能呢？一般可以从如下几个层面着手：

第一，肯定自身过去的经验。

第二，从他人经验中提升自己的信心。

第三，自己给予自己信心，相信自己可以解决问题。

第四，寻找外援，如教师或者其他同学的帮助。

（2）进行合理的归因

所谓归因，即人们对自己行为或者他人行为产生的原因进行推断。具体而言，就是个体对自己的行为过程或者他人的行为过程的因果关系进行的推定。一般来说，归因可以划分为如下两种：

第一种是内部归因，即认为是个体自身因素导致的结果。例如，某人英语考试取得了好的成绩，他认为是自己聪明的结果或者自己精心准备的结果等。

第二种是外部归因，即认为是外部因素导致的结果。例如，某人英语考试取得了很差的成绩，他认为是题目太难导致他考试失败了。

若归因正确，那么可以使个体更为自信，从而提升个人的自我效能；若归因错误，那么可能使个体备受打击，从而感受到挫败感，丧失学习的积极性，产生学习拖延现象。那么，如何进行归因呢？对于缺乏自信心的高校学生来说，应尽量将英语考试取得成功的原因归结为自己的认真听讲、认真准备、反复操练等，把导致失败的原因归结于外部因素，这样就会提升自身的自信心，提升自己的自我效能感，激发他们学习的兴趣和积极性。同样，对于一些过度自信的高校学生而言，应该将英语考试的成功适当归结为自身的努力，但是失败也应该多考虑下自身的因素，寻找自身的不足，以争取下次取得较好的成绩。如果那些缺乏自信心的高校学生也将英语考试失败的原因全部归结到自己的身上，那么他们就没有前进的动力了，结果必然放弃英语学习。

可见，无论是内部因素还是外部因素，都不能让高校学生丧失英语学习的自信心，最好能不断提升他们英语学习的效能感，使他们充满学习的动力和积极性。这样在一定程度上可以改善高校学生英语学习的拖延问题。

（3）改进英语学习策略

改进英语学习策略是改善英语学习拖延的一个重要方法。所谓英语学习策略，一般包含两种：一种是认知策略，一种是元认知策略。

认知策略，指的是对学习信息进行加工的方式，包含对知识的理解、记忆、存储与提取的技术。一般来说，认知策略还涉及对知识的复述、对知识的精细加工、对内容进行组织等。

元认知策略，指的是高校学生对自己的认知策略进行的调整。

高校学生改进英语学习策略，有助于提升高校学生的英语学习成绩，学业的成功能够让高校学生更为自信，也有助于提升高校学生的自我效能，激发高校学生的学习动机和积极性，使高校学生能够降低懒惰情绪，降低高校学生的学习拖延问题。

（4）提升英语学习自我调节能力

所谓自我调节，即高校学生为了实现成功，提升自身学习的效果，实现学习目标，对元认知、学习动机、学习行为等进行主动调控的过程。自我调节学习强调高校学生能够不断激发自己采用恰当的学习策略展开学习。

一般来说，自我调节学习具有如下条件：

第一，学生能够确立学习目标。

第二，学生能够认识到自身掌握的学习策略，并能够明确这些策略有助于他们的学习。

第三，学生能够成功地对自己的学习行为进行调节。

第四，学生具有自己学习的愿望与意识，并且能够将学习作为一种积极过程来追求和探究。

如果高校学生能够具备上述四个条件，不仅会在英语学习中对某种策略进行灵活的运用，还会将个体的人格与品质特征体现出来。

（5）增强学生英语学习内在动力

之所以出现英语学习拖延，一个根本原因在于学生缺乏内在学习动力，因此要想克服英语学习拖延现象，高校学生可以有意识地想象下自己取得好的成绩之后的情境，从而在自己的英语学习中会采取各种方法和技巧，又或者与他人展开交流与合作，从而增强自身的英语学习内在动力。

（6）清查英语学习中的拖延原因

当然，除了上述几点外，高校学生应该查找自己在英语学习中产生拖延问题的原因。如果学生的英语学习拖延是由网络游戏引起的，那么高校学生可以将一些游戏软件删掉，对自己的上网时间进行严格控制，并设置一些奖惩机制，学生逐渐就会培养良好的学习习惯。

另外，学生也可以采用自我暗示的方式，告诉自己如果继续玩游戏，那么就容易出现挂科甚至退学的情况，意识到如此严重的结果，学生就会对玩游戏产生恐惧，就会不自主地进行克制。当然，他们也可以找辅导员监督。

3. 合理安排英语学习任务

很多学生之所以出现英语学习拖延问题，还有一个重要因素就是学习任务。高校学生的学习任务比较繁重，这就容易使他们丧失信心与动力，甚至对英语学习产生厌恶情绪，很难完成英语学习任务，出现拖延问题。鉴于此，我们可以从如下几个层面合理安排自己的英语学习任务。

（1）分解英语学习任务

所谓分解英语学习任务，即将大任务分解成一个一个的小任务。众所周知，如果一个任务一旦开始做了，其实做下来感觉并没有那么困难，但是很多时候一些拖延者不能迈开第一步。如果英语学习拖延者能够将这些大的任务分成小的任务，并且这些小的任务相对来说较为简单，那么他们就不会出现畏难情绪，愿意去尝试，这就迈开了一小步。例如，如果写一篇英语论文，看起来这项工作非常浩大，很多人也不知道如何动笔，但是如果将这项工作分成一个一个的章节，那么看起来就没那么困难了。如果要写，每天只要求自己完成一小节，甚至只有几百字，慢慢地，这项任务就变得容易了。一个小的任务的完成很容易让人感到满足与成就，这样积极的情绪会为接下来的任务储备动力。

（2）制订任务奖励机制

除了分解英语学习任务外，高校学生在制订学习计划的时候，可以制订一些任务奖励机制。例如，完成一个小任务，可以给自己一个冰激凌、玩游戏20分钟等。当学生完成了一个大的任务，就可以奖励自己一个大的奖励，如吃一顿大餐、休息半天等。当然，需要注意的是，每一个小的任务不能持续太长的时间，如果时间太长，学生容易丧失耐心，很难获得奖励，也会让学生丧失英语学习的动力，很难再继续下去，导致拖延产生。

（3）安排英语学习任务的顺序

每个人都有自己的喜好，高校学生应该针对自己的喜好程度，对自己的学习任务顺序进行安排。如果自己的状态不好，那么就不要安排自己不太喜欢的任务，如果强行安排，会适得其反，甚至出现瞌睡等现象。这与高校学生自身的内心抵制有关。这种抵制会导致学生降低学习效率，浪费时间，从而出现严重的拖延情况。

为了避免出现这一情况，高校学生应该在自己精神状态较好的时候安排难度较高的工作，或者是那些自己不喜欢但是必须完成的工作，而将那些自己喜欢的工作和任务安排在这个之后，这样高校学生做完了不喜欢的任务之后再着手喜欢的任务，如同给了自己一个奖励一般，并且由于这项任务自己喜欢，学生也感觉不到学习疲劳，甚至能够专心致志地完成学习任务。

（四）学习情感障碍的调试策略

人的情感的力量非常庞大，在强烈的情感的支配下，什么事情都可能发生。只要方向正确，人的情感可发挥巨大的潜在力量，创造出伟大的事业。因此，情感的动力作用非常大，这就是所谓的情感动力。

1. 培养积极的先决情感

在学习层面，学生往往表现出很大的差异性。那么，这些差异是怎样形成的呢？如何将学生的差异缩小呢？教育心理学家与教育工作者对这些问题进行了深入研究。20世纪60年代开始，学者布鲁姆（B. S. Bloom）对这些问题进行了着重探究，提出了"三大教学变量"理论。[1]

（1）先决知识行为，即学生要想完成学习自身所具备的条件的程度。

（2）先决情感特点，即学生能够被触动而完成学习的程度。

（3）教学质量，即教学与学生相适应的程度。

在布鲁姆看来，上述三大变量对学生的学习成绩、学生的学习进度、学生的情感等起着决定作用。具体来说，三大变量与教学结果、学习结果之间的关系如图4-3所示。

---

[1] 黄志成.布鲁姆对影响学习的变量的系统研究综述[J].外国教育资料，1990（04）：31-39.

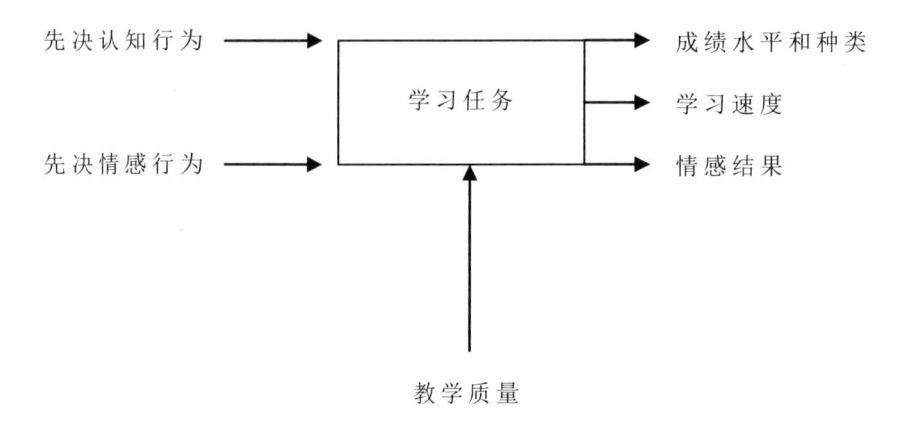

```
  学生特征              教学              学习结果

先决认知行为  ──→  ┌─────────┐  ──→  成绩水平和种类
                   │         │  ──→  学习速度
                   │ 学习任务 │
先决情感行为  ──→  │         │  ──→  情感结果
                   └────↑────┘
                      教学质量
```

图4-3 布鲁姆的三大变量与教学结果、学习结果的关系

（资料来源：文卫平、朱玉明，1998）

在这里，布鲁姆强调的是，在学习中，任何一项学习任务都是与前面一个学习任务紧密相关的。先前的学习经验不仅有助于学生知识的掌握，也有助于学生情感的形成。也就是说，不能舍弃学生的先决认知行为，也不能放弃学生的先决情感特点。

什么是先决情感特点？指的是学生受到鼓励之后参与学习的程度。在学习中，学生的情感对学习非常重要，如果学生带着热情展开学习，那么他们学起来会非常轻松，并且能够取得好的成绩。那么，如何培养学生积极的先决情感呢？关键在于让学生在学习中获得成就和满足，具体而言可以从如下几点着眼：

（1）获得成功的学习经验

在学习中，教师应该引导学生学懂、学会，鼓励学生创造积极的、定向的、与自身实际符合的自我概念与志向，让他们体会到获得成功的感觉。很多学者都认为成功的经验对于学习非常重要。如果学生刚开始学习就遇到了失败，那么他们有可能丧失学习的兴趣，也很难展开进一步的学习。因此，获取成功的学习体验是非常重要的。为了感受到成功，学生需要设定切合实际的目标，具体而言，教师需要做到如下几点：

第一，设定学生可以达到的目标或者学生自主选择的目标。

第二，得出结果后着重积极层面的介绍和强调。

第三，鼓励学生对自己的学习进行指导。

第四，教学中鼓励自我竞争，减少个别的对比，允许学生设定自己的目标。

（2）唤起学生的好奇心

教师可以通过创设情境，让学生发现学习，亲身体验到学习中，获取成功，这样有助于提升学科的吸引力。一般来说，一些身体力行的活动、调查研究活动、生活中的情境等都可以吸引学生的注意力。当然，教师在设置任务时，一定考虑那些积极的且能够融合探索、调查、社交等内容的方法。同时，也可以从学生的爱好出发成立兴趣小组，如语法组、翻译组等，将学生的潜力激发出来。

（3）让学生明确自身目标

让学生弄清楚自己要做什么，如何做才能实现目标。就动机而言，目标的设定应该是学生能够理解并且能短期完成的。但是，目标的设定要适当。如果目标设定得太高、太难，那么学生就会丧失学习动机，因此教师在设定远期目标的时候，应该在过程中设定一些小的近期目标。

2. 实施教学的积极情感原则

所谓教学的积极情感原则，即教师将饱满的热情与情感置于教学过程中，为学生提供良好的情感背景，将学生的自主性与积极性调动起来，使学生感受到学习的愉悦。

根据情知教学论，学生参与活动的心理可以归为两种。第一种是包含想象、感知等都在内的认知因素，第二种是包含兴趣、动机、性格等在内的性情因素。教学过程就是两项因素交叉的结果。具体来说，需要从如下几点着眼：

（1）教师呈现良好的心理素质与品质

在课堂上，教师除了传授给学生课程内容外，还需要投入一个看不见的内容，即品质。一名好的教师，他/她需要具备如下品质。

①高尚的情操。教师应该敬业，具有良好的职业道德与无私奉献的精神。尤其是在当今社会，应该耐得住寂寞，经得起金钱的诱惑，讲求为学生

付出，不求回报。

②谦虚的品质。教师不应该自大、自满，而应该具有谦虚的品质，对学生也不能颐指气使，给学生以居高临下之感。另外，教师在教学中应该实事求是，不能装腔作势，时刻注意自己的言行，不能鲁莽，不能对学生的尊严造成损害。

③坚强的意志。一名合格的教师应该目的明确、毅力顽强，当他们与学生进行接触的时候，应该富有耐心，能够将自身的涵养展现在学生面前，让学生学习与亲近。

④广泛的兴趣。教师应该兴趣广泛，除了对本学科孜孜不倦外，还需要对有益学生进步的东西抱有热情，如很多学生热爱音乐、体育、旅游等，教师对这些都应该有所涉猎，甚至可以将这些内容融入英语教学中，这样不仅有助于增加学生知识，还有助于增进与学生的情感。

⑤愉快的心境。教师在教学中应该和颜悦色，以愉快的形象给学生以情感熏陶。同时，在教学中也应该乐观向上，课堂上应该保持幽默，这样才能调动起学生的积极性。

（2）教师表现出积极的态度

著名心理学家海德（Hidi）提出了态度平衡理论，如A喜欢B，那么A对于B的穿着也会表示欣赏。从这一理论中可以看出，教师在肯定教学内容的价值的基础上，学生在认知"教师—教师所教学科"这一关系时，为实现平衡，往往表现为如下两种情况，如图4-4所示。

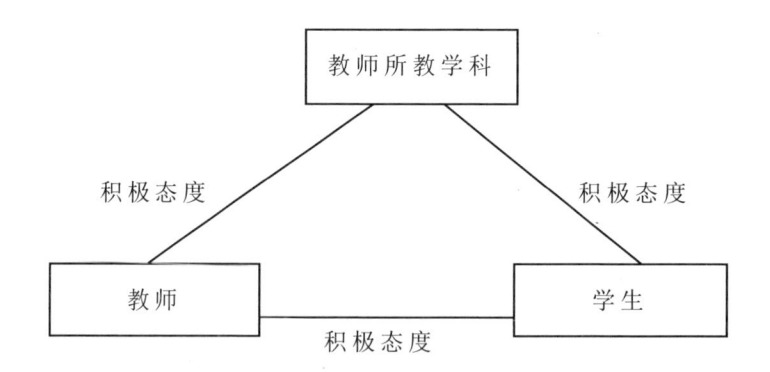

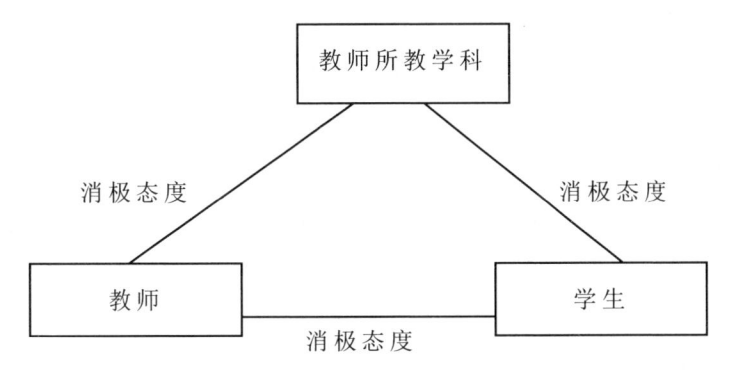

图4-4 教师、学生、教师所教学科之间的平衡

从图4-4中不难看出，学生如果对教师持有积极的态度，那么对于教师所教的学科也持有积极的态度；如果学生对教师持有消极的态度，那么对于教师所教的学科也持有消极的态度。同样，如果教师对自己所教的学科持有积极的态度，那么对学生也持有积极的态度；如果教师对自己所教的学科持有消极的态度，那么对学生也持有消极的态度。可见，教师的积极态度对学生以及学生的价值观起着直接的影响。

那么，教师在教学中如何展现积极的态度呢？

首先，要将英语这门学科的价值尽量突显出来，让英语这门学科与学生的实际生活相联系，让学生感受到学习英语是有用的。

其次，教师努力将自身对学生的积极态度转化成学生对自己的积极态度，使学生能够接纳教师，只有接纳了，才能增进教学的效果。

3. 培养学生自我肯定

从总体上来说，自我可以划分为两种：一种是肯定的自我，一种是否定的自我。前者对自我有准确的认识，积极地看待情感体验；后者对自我的认识是扭曲的，消极地看待自己的情感体验。显然，肯定的自我对于自己的发展十分重要。学生如何培养肯定的自我呢？在这之中，教师是一个重要的因素，教师可以创造条件让学生实现肯定的自我。

（1）培养学生的归属感

所谓归属感，即个体被他人接受和接纳的心理态度。从本质来讲，人是社会中的一分子，人从社会的尺度对自己进行考察与认知，当自我与他我出现分裂的时候，意识到自己脱离了社会、脱离了世界，就必然需要将自我放在他我之中。这就是自我认识的过程，当然自我认识的程度取决于他人对自己的接纳程度。根据马斯洛的理论，人在生理与安全的需要得到满足之后，往往需要寻找归属感的群体，被这个群体接受，获得群体的关爱。归属感使人的心理安全，获得情感寄托，一个人的归属感越强，越容易形成肯定的自我。具体来说，归属感的培养需要做到如下两点：

①教师应该鼓励学生明确自己的角色、扮演好自己的角色。也就是说，归属感使自己更明确自己在群体中的地位，并且这个地位是由角色扮演的成功与否决定的。众所周知，学生的学习情况与其获得的成就有着紧密的关系，并且也成为判断他/她在班级里面的位置的依据。如果一个人的学习态度良好，愿意努力付出，与集体的目标保持一致，那么他/她很容易得到班级的认可，获得自己的位置。对于教师而言，无论学生的学习状况是怎样的，都需要鼓励自己的学生定位自身的角色。

②教师应该为学生创造多种参与活动的机会。实际上，参与的过程就是与集体相融合的过程，如果个体积极参与集体的活动，他/她也很容易融入集体之中，获得集体的认可。在英语课堂上，教师可以安排角色扮演、分组任务等，让每一位学生都积极参与，彰显每一位学生的个性和才能，让他们的潜力得到发挥。

（2）培养学生的自尊自强意识

学生如果具备自尊自强的意识，也是对自我形象的肯定。要想培养学生的自尊自强意识，教师可以从如下几点着手：

①以成功经验作为引导提升自我观念。如果学生在英语学习中经常失败，往往会丧失学习的信心，从而影响学生英语学习的动力。因此，在英语课堂教学中，教师应该为学生提供成功的机会，让他们感受到成功的喜悦，从而增强自己的自信心。

②尊重学生的情感，避免错误的褒贬。在课堂学习中，学生的个性、兴趣等存在明显差异，学生有时候会产生不同的想法，教师首先应该对这些想法进行接纳，然后通过实证分析，让学生认识到自己的想法是正确或者错误。需要指出的是，教师应该避免随意褒贬，因为未经过论证的做法显然会

对学生造成影响，一些随意的贬低会让学生丧失自我意识。

③提出合理的要求。教师不能一味满足学生的情感需要，这样会放纵学生，应该在关心的同时严格要求学生。

二、高校学生英语学习问题的外在调试策略

（一）全面提升英语教师的综合素质

教育的问题首先考虑的是教师的问题，英语教学当然也不例外。英语教师在教学中扮演着指导者的角色，要引导学生认识学习、认识社会，教师也需要对自己进行严格的要求，成为学生学习的榜样。

1. 提升教师的人格魅力

在教学中，教师的人格对教学情绪、学习效果产生直接的影响，那么教师该如何提升自身的人格魅力呢？这主要在于坚持"四心"。[1]

（1）爱生之心

爱心是促进学生不断成长的法宝。在工作时，教师不仅要传授给学生基本的知识，更重要的应该是培养学生，教会学生做人。教师需要有一颗热爱学生的心，只有真正地热爱学生，才能正确地看待学生。在大学，学生英语基础比较薄弱，这就需要英语教师付出努力，保持对工作的耐心，不能因为学生犯错就对学生置之不理，而是应该真正地爱学生，将自己的情感融入教学，这样才能与学生建立友好的关系，让学生相信自己，愿意去学习。

（2）进取心

时代不断发展，社会不断进步，教师需要具有一颗进取心。如果一名英语教师仅仅有专业知识，显然不能满足当前英语教学的需要，因为高校学生

---

[1] 龚芸.高职学生学习倦怠问题研究[M].北京：北京理工大学出版社，2015.

步入社会之后运用到的英语知识往往和专业密切相关，属于专业英语，因此教师除了要具备渊博的英语知识外，还需要涉猎其他各个方面的知识，这样才能提升英语教学的质量和水平。

（3）敬业之心

第一，教师要对自己从事的职业有清晰的认识，即认识自己职业的意义，认识到教师需要付出自己的努力，无私奉献自己。

第二，教师需要对自己的职业忠诚。随着科技不断发展，知识更新换代加快，教师应该树立终身学习的观念，不断提升自身的能力和水平。教师需要用自己的智慧吸引学生，让学生悦纳自己，以高度负责的姿态起到表率的作用。

（4）健康之心

当前的社会节奏非常快，人际关系也非常复杂，这也给教师带来了极大的影响。尤其是现在很多家长对教师的期待很高，因此教师的压力也非常大。除了这些压力，教师还面对自身工作、生活的压力，如教师待遇、教师工作性质等。

对于高校学生的英语学习来说，本身比较困难，因为他们将更多的精力放在了专业课的学习上。但是一旦步入社会，英语又是不可或缺的一部分，因此面对这样的压力，很多学生心理上容易存在压力。这时教师需要从积极的方向引导学生。这就要求教师首先具有一个积极健康的心理，自身保持积极的心态面对自己的工作，让学生看到榜样的力量，学会自我调节，从而树立健康的身心。

2. 提高教师的英语教学能力

学校的学习不是将知识从一个脑袋移入另外一个脑袋，而是教师与学生之间每时每刻都在进行心灵的接触。教育属于一门艺术，课堂教学是教师彰显魅力的体现，其中最为关键的魅力就是上好每一堂课。

高校英语教师要想让自己的课堂更有魅力，应该从师生之间的交流展开。如果英语课堂中没有交流，那就称不上真正的课堂教学。高校英语教师要想让自己的课堂更有魅力，应该多与学生展开对话与共享，一起发现问题、解决问题。

当然，英语课堂也必须是真实有效的，拒绝花架子的课堂，其中需要融入基础知识的讲解、思维的拓展、真实的教学活动，能够用最短的时间将知识传授给学生，让学生真正学到知识与技能。

具体来说，教师的英语教学能力主要体现为如下几点：

（1）整合性的教学能力

所谓整合性教学，即要求在教学中将学科的各个环节与要素、不同方法有机地整合在一起，使教学更具有程序性。

整合性教学要求教师拥有良好的知识结构，具有程序化的教学技能与丰富的教学策略，能够付出较少的努力就可以完成各项教学任务，帮助学生实现英语学习。

高校英语课堂教学的首要任务就是激发起学生英语学习的兴趣，吸引学生的注意力。现在的高校英语课堂中存在很多低头族，并且已经成为高校中的一道靓丽风景：不管讲台上教师讲得多么用心，下面的学生多数在玩手机、刷微博、看朋友圈等，他们可能会忘记带教材，但是绝不会忘记带手机和充电宝。面对这样的高校英语课堂，教师需要对其进行有效的组织。

另外，在语言上，教师应该确保表达的准确性与针对性，做到突出重点、清晰精练。教学技能也要不断提升和创新，要时时改变授课手段，延伸教学模式，创新考核手段。

（2）个性化的教学设计

高校英语教师课堂教学的能力首先体现在对英语教学的设计上。所谓教学设计能力，即教师在开展英语教学之前，从英语教学目的出发，设定英语教学程序，制订英语教学方法，选择恰当的英语教学内容。

当前，很多教材都包含现成的教学课件，因此很多教师在教学设计上并未付出辛苦，而往往用现成的课件展开教学。但是，真正的教学设计要求教师能够吃透所要教授的内容，对学生的学习状态有清楚的了解，从而确定教学目标，选择恰当的方法，设计出独特的教学思路。

英语教师进行教学设计的过程实际上就是创造的过程，在进行教学设计时，要求灵活、简洁，真正做到以学生为中心，在设计时也要体现出预见性。

（3）反思性教学能力

所谓反思性教学能力，即教师将教学活动作为参考对象，对自己的教学行为、教学方法、教学决策以及产生的结果加以分析和审视的能力。[①]

反思性能力一般可以划分为如下几种，如图4-5所示。

著名心理学家波斯纳还提出了教师成长的公式：

$$成长＝经验+反思$$

显然，反思对于一名教师来说非常重要，是教师成长进步的重要途径。反思教学要求教师能够做出理性的选择，并能够承担相应的责任，教师通过自我觉察，改变教学行为。总之，教师只有不断反思自己的教学行为，才能不断提升自身的教学能力。

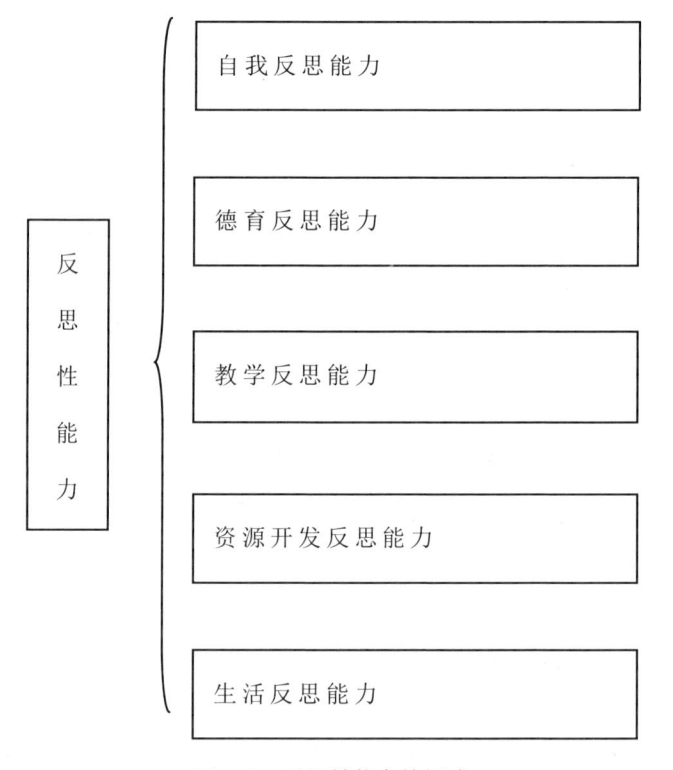

反思性能力 {
- 自我反思能力
- 德育反思能力
- 教学反思能力
- 资源开发反思能力
- 生活反思能力
}

图4-5　反思性能力的组成

（资料来源：龚芸，2015）

[①] 龚芸.高职学生学习倦怠问题研究[M].北京：北京理工大学出版社，2015.

3.扩展自己的英语学识

英语教师是英语知识的传播者。当今社会，知识不断更新，教师需要不断拓宽自己的视野，对自己的知识结构加以完善，提升教学的质量，树立终身学习的理念，这是提升英语教师素质的基本要求。

（1）先进的理念

英语教师具备广博的知识是他们开展教学行为的前提和基础。先进的英语教学理念是开展英语教学的灵魂。只有基于先进英语教学理念的指导，教师才能不断更新教学观念，提升英语教学的境界，为英语教学指明新的方向。在教学模式下，基于先进教学理念的指导，英语教师才能从"授业"转向"授业+传道"，提升学生的英语素质，促进学生的综合发展。

随着社会不断发展，出现了很多先进的英语教学理念，这就需要教师提升自己的敏感性，能够真正做到与时俱进。教师需要从学生实际、专业实际出发，在教材内容的基础上融入当前的时事，这样不仅能够传授给学生基本的英语知识，还能吸引学生学习的兴趣和积极性，从而获得成功。

（2）科研的能力

高校英语教师还需要具备一定的科研能力。教学中如果没有科研作为底蕴，教育就如同没有灵魂一般。科研工作对于高校英语教师来说，无疑是在拓展自身的专业知识、丰富自己的学科结构、提升自身的教学能力和水平。教师开展科研工作，可以让自己更加主动、自觉地思考教学中存在的问题，从而获取新知识，寻求解决问题的方式和方法。

作为高校英语教师，需要认识到科研的作用，不断提升自身的科研能力和水平，具体来说，主要培养以下五种能力：

第一，获得信息的技能。

第二，广泛地开展思考的能力。

第三，勇敢地攻克难关的能力。

第四，勇于创新的能力。

第五，将成果进行转化的能力。

（3）广博的知识

作为一名英语教师，他/她首先需要具备渊博的英语知识。如果教师不拓展自身的知识，在课堂上往往捉襟见肘，课堂也显得平淡无奇，无法吸引学生的注意力。随着教学改革不断深化，科技不断进步，高校英语教师需要拓展自己的综合知识，注重知识的应用。教师只有掌握广博的英语知识，做到融会贯通，才能学会积极思考，发现问题并解决问题。

（4）双师的素质

高校英语教学的特色在于提升学生的英语技能。当前，作为一名高校英语教师，需要具备双师素质，即教师不仅应掌握渊博的英语理论知识，还能够运用理论知识指导实践；不仅可以从事理论教学，还可以对学生的英语学习实践进行指导。也就是说，高校英语教师只有将自身的实际工作能力与英语课程整合起来，才能将理论知识讲活，为学生的专业课学习打下基础。

为了提升自身的实践能力，广大教师应该参与到具体的实践中或者利用假期参与培训学习，以便于更好地指导自己的学生。同时，在学生的实际训练中，教师能够娴熟地展开讲解，从而吸引学生的注意力，使学生真正地获取英语知识与技能。

4.修炼自己的形象魅力

近些年，不断出现"最美教师"，这说明进入新时代，大家对任何职业都有了较高的要求，不仅仅对教师的能力有要求，还要求教师的形象美。在新时代，教师应该具有朝气，这主要体现在教师也应该努力追求美，外在美、仪表美也是能够吸引学生的一大关键。

外形仪表体现的是一名教师的气质、素养以及审美观，也可以表露出美好的心灵。教师清丽脱俗的气质、优雅的风采、巧妙的语言、豁达的性格等，往往能够吸引学生的注意力，陶冶学生的思想情操。

（二）优化英语教学管理

在学校，教学工作是核心工作，学校教学管理的重点在于构建有序、合法的管理制度，并探寻恰当的保障措施，解决学校管理的程序化、规范化问题，保证教学管理水平的提升。

1. 优化课程设置

高校英语课程设置及课时数量、教材选择等都会对学生的学习倦怠产生影响。学校应该从社会发展、学生的实际需要出发，为学生设置英语课程。英语属于高校公共基础课程，是为了辅助专业课，但是对于高校学生来说，是不可或缺的一门课程。

（1）整合课程内容设置

在英语课程内容设置上，高校应该健全整个课程体系与门类，优化英语课程设置，提高课程的质量和竞争力。

在课程教材的选择上，英语教师应该选择那些从实际出发的教材，选择那些有新知识、反映学科发展趋势的教材，从而培养学生的适应能力与发展能力。当然，教师也可以编写教材，但是不能滥编滥发。

（2）优化课程结构设置

高校主要是为了培养学生成为应用型人才，因此要处理好专业课与高校英语课程之间的关系。

首先，要认清楚高校英语课程的地位和作用，找准高校英语与专业课程之间的结合点，树立高校英语是为专业课服务的理念。

其次，要发挥实训课的作用。实训课即将高校英语课堂学到的理论知识运用到具体的实践中，培养学生的实际操作能力，这与学生对英语知识与技能的掌握程度相关，其教学效果也直接影响着学生能否胜任相应的岗位。

2. 优化学习环境

高校的生存与发展面临着严峻的挑战，很多高校由于政府支持不够、资金投入不足，导致虽然有了教学楼、校园等硬件，但是学习工具、软件平台等还有所欠缺，教学设施相对陈旧，教学资源相对匮乏。因此，创造出与学生实际需要、时代要求相符的学校环境还存在一定的难度。因此，学校一方面应该寻求政府的帮助，积极引进先进的教学设备，对教学环境、食宿条件等进行改善；另一方面，高校应该探求自我突破的思路，为学生创造良好的学习环境。

在英语教学中，学生需要听听力等，因此需要更多的软件设备，这需要高校不断优化学习环境。

（1）做好良好学校环境的维护和监督

"人"是学校环境建设的参与者，还是使用者，因此有着发言权，尤其对于高校来说。因此，环境中的"人"应该负起责任，共同建构美好的校园，对学校环境起到维护和监督的作用，及时给出合理的建议和举措。

（2）以最小投入获得最大产出

要想保证学校环境建设良好，需要以最小的投入获得最大的产出。也就是说，运用最少的人力、物力、财力等，改善当前学校的资源条件，建设学校的环境。

教师与学生应该运用自身的专业知识与管理实践经验以及领导者的领导能力，多途径地激发"人"的热情与激情，让每一位教职员工和学生都能为自己的学校作出贡献。

（三）营造和谐的社会环境

当前，社会环境随着经济技术的发展不断变化，社会环境的质量对高校学生的学习、生活甚至工作产生了巨大的影响。社会环境是非常复杂的，高校学生迟早都要进入社会，作为高校学生的教育者，当然无法消除社会消极因素的影响，但是可以构建一些积极的因素，减少消极因素的影响，将一些不良思潮遏制在萌芽阶段，提高高校学生的辨别能力，引导高校学生抵制不良风气。具体来说，可以从如下几点着眼：

1. 营造良好的社会氛围

（1）营造良好的社会学习风气

当前，毕业生越来越多，社会的竞争力越来越大，加上很多学生甚至放弃高考，寻求其他出路谋生。很多父母甚至也有了现实的选择，他们认为孩子上大学一定要上个好专业，从而找份好工作，收获名与利。

实际上，教育不是一件功利的事情，人生的目的也并不在于赚钱。上大学确实是为了找到一份好工作，但是这不是唯一的出路。高校教育与其说是给学生提供更多的专业知识，不如说是教给学生终身受益的技能。高校几年的积累，学到更多的是批判性的阅读能力、必要的写作能力以及独立思考的能力，这些能力会在以后的工作和生活中得到体现。

（2）对高等教育给予更多支持

在招生录取的时候，要改革一考定终身的情况，应该考虑学生的学习成绩、学生的个性特征、学生独特的才能、学生的兴趣等因素，注重学生综合素质的培养。学生也从自己的兴趣爱好出发，选择适合自己的院校，同样学校也要根据自己的标准，对学生进行挑选，这样才能引导学生将自己的个性发展出来，鼓励学校办出自身的特色。

当然，政府、社会、家庭等在观念、资源等层面，也需要给予学校更多的支持，学校努力吸引更多高水平的教师参与到教学中，让学生不仅学会理论，还能付诸实践，从而提高自身的竞争力。

2. 提供公平的就业机会

用人单位应该从人尽其才的角度招纳人才，为毕业生提供公平的就业机会。

（1）用人单位在招聘上应该保证透明、公平

国家明确规定用人单位不得对求职者有民族、性别等条件的限制，招聘高校毕业生不得有年龄、毕业院校等的限制。但是，当前也时常出现一些不正常的竞争现象。因此，用人单位应该坚持招聘的透明性和公正性，建立健全内部监督管理机制，防范公开招聘存在的风险，杜绝出现人情招聘、内部招聘、考试舞弊等违规的现象，让那些成绩好、愿意参与工作的学生都能够获得满意的工作。

（2）放宽对刚毕业学生的工作经验的要求

只要专业与用人单位的需求对口，并且具备一定的理论与专业基础，有着积极上进的态度和自学能力，用人单位应该为他们提供工作与实践的机会。这样可以给身处校园中的高校学生以更好的启示：在校期间，他们不必为了积累经验而进入社会进行实践，而是让自己将更多的精力放在专业知识和技能的学习上，为以后找到满意的工作打下基础。

3. 改革社会用人制度

社会的用人制度对于高校的人才培养目标、方式、家长观念等有着重

要的导向作用。当前，人才选拔的方法还是非常有限的，用人单位也很难通过短时间的笔试、面试等，完全了解一个人的真实水平，他们更多关注的是学历。

体制内的薪酬制度市场化程度较低，专业水平差异、受教育程度差异导致在薪酬上的差异巨大。用人单位也形成了只要高学历、不要低学历的倾向，这就加剧了社会追求名校、高学历的倾向，也使得社会对人才的评价限于学历，忽略了人才的多元性。显然，这存在明显的不合理性。这就要求社会和用人单位打破传统的理念，选出科学的人才，而不仅仅是学历高的人才。

（1）推行职业资格认证制度

不同职业的资格认证有助于消除人才市场上的信息不对称，有助于减少单位对高学历人才的盲目性。在毕业时，高校会分发给学生毕业证、学位证双证，而职业资格证在用人单位眼中要明显高于学历。以英语为例，如果你想担任一名编辑，你需要考取初级出版资格证书、中级出版资格证书等；如果你想担任一名翻译，你需要考取翻译证书等。

（2）单位用人采取多元化选拔

由于政府、事业单位等用人部门对社会有着较强的示范作用，因此他们在人才选拔上应该起到表率作用，引导社会改变传统的就业观、人才观。也就是说，用人单位对不同岗位的能力需求做出详细的划分，薪酬应该与个人的能力相关，注重实际。他们也向教育单位传达出一定的信号，让高校积极引导人才培养。

（3）同步推进相关领域进行改革

将人才流动层面的体制约束消除，引导人才进行合理的流动。加强对户籍的改革，消除人才在流动过程中的麻烦，让人才能够发挥自己的才能，去想去的地方就业。另外，加强社会保障体系的建设，让在不同环境、不同体制下就业的人才都能享受到社会保障福利。

4. 帮助学生认清社会环境

（1）引导学生对社会予以关注

高校学生虽然很少接触社会活动，但是他们在大学期间已经逐渐形成了社会价值观，也逐渐形成了判断与认知能力。他们对社会关心，也常常会用自己在书本上学到的知识，对各种社会现象加以解释，因此教师应该引导学生对社会环境予以关注。但社会环境非常复杂，只有对社会进行了解，才能对社会进行客观的看待，才能真正顺利地进入社会。如果遇到人生的岔路口，也能够明辨是非，找准方向，迈向正确的轨道。

（2）引导学生清楚求学与就业之间的关联

在就业上，高校学生往往具有一定的优势，教育部门、高校也将就业率视作衡量教育水平的标准。学习优异便于找到工作，很多人选择进入体制工作，这些理念在当前来说根深蒂固。大学的培养不仅仅是让学生学习知识，更是培养高校学生的精神世界，是锻炼一个人成长的过程。因此，教师要引导学生弄清楚求学与就业之间的联系，重新认识学习理论的重要意义，转变就业理念，树立学习的自信心，开发自身的主观能动性，为未来参与社会竞争付出努力、做好准备。

第三节　翻转课堂模式下高校学生英语学习能力的提升

一、翻转课堂模式下学生英语自主学习能力培养

（一）自主学习的定义

当前，自主学习不再仅仅作为一种学习方式在学习领域存在，往往被视作一种课程论领域的课程目标，也作为一种教学论领域的教学方法。因此，有必要对自主学习进行界定。在这里，自主学习主要被视作一种学习方式，而学习方式对于学生而言是比较偏爱的东西，是学生在学习中表现出来的东

西，是个人特色与学习倾向、学习策略的综合。

简单来说，本书所说的自主学习主要是基于教师的指导，运用元认知策略、动机策略与行为策略三大策略进行主动学习的一种手段。

所谓元认知策略，即在获取知识的过程中，学生在学习中制订的学习计划、确定的学习目标、组织自身的学习、对自己的学习进行监控与评价。这些程序使得他们的学习更具有自我意识性与见识性。所谓动机策略，即学生展现的自我抱负与自我效能，以及对自己的学习是否感兴趣。在他人看来，这些学生也是激发自己能力的人，他们越是努力，越是持之以恒，越能够坚持下去，越能够取得好的学习效果。所谓行为策略，即学生对学习环境进行选择、组织与创造，他们向他人进行咨询，并寻找适合自己的信息，为自己创造合适的学习环境。他们往往通过自我指导来进行学习，通过强化学习，执行自己的计划。

对于这三种学习策略，学生往往是自觉运用的，即他们在学习中都往往是有意识地对这三种策略加以运用，这就是虽然很多学生的学习已经涉及了自主学习的成分，但还需要不断提及的原因。但是，很多学生的自主学习并不是有意识的，他们往往是无意识的，主要表现是许多学生并不能说明所运用的学习策略，或者是不明白所运用的学习策略与所取得的学习结果之间的关系，所以就有许多成绩好的学生不知道自己成功的经验是什么，而学习困难的学生不知道自己学习的障碍何在，应该从何处入手加以改进。自主学习要求学生自觉地运用这些学习策略，必要时还需要对策略的使用做一定的记录并加强练习，以便对这些策略的使用熟练到自动化的程度。[①]

学生的自主学习往往需要主动，并且通过主动的学习来达到一定的成效。关于主动，首先表现在学生的学习动机是激发出来的，其次表现在学生对各种学习策略的运用。达到一定的成效即有效性，这主要表现在学生通过自主学习来不断提升自身的能力，他们能够随时考虑学习任务的难易程度，对学习方法进行调整；另外，还表现在他们不断提升自身的学习成绩以及自我效能感。当然，正如《自我调节学习实现自我效能的超越》一书中多次提

[①] 郑金洲.新课程课堂教学探索系列自主学习[M].福州：福建教育出版社，2005.

到的那样，学习策略的更新可能会造成学习成绩的一时下降，学生的自我效能感也会受此影响而暂时有所下降。这些都是在所难免的，因为每个人对学习策略都有一个适应的过程，关键是自主学习的最终结果应该是提高学生的学习成绩及其自我效能。[1]

（二）翻转课堂模式下学生自主学习能力的培养策略

1. 课前活动

教师根据教学目标提前制作最高级的相关教学视频，视频采用播放PPT的形式呈现并配有相关讲解，时长大约20分钟。

学生独立完成视频的观看，画出视频中遇到的难点和疑点，然后小组统计重难点。学生独立观看视频，并画出视频中的疑难点，培养学生独立思考的能力，自主探索重难点，改变学生只听不思的被动学习状态，小组统计组内重难点，有利于检测学生独立思考的有效性。[2]

小组成员相互纠错，记录错题。独立完成书本课后作业有助于学生养成独立完成作业的良好习惯，提高作业质量，遏制养成抄袭他人作业的坏习惯。小组成员相互纠错进一步锻炼学生自我察觉能力和对知识的敏感度，加固了对知识的掌握度。

2. 课堂活动

教师检查小组同学的练习情况，做好纠正工作。此环节可有效地掌握学生对"最高级"在具体语境中的运用，上台展示可锻炼学生自我表达能力。

小组成员自主发言，提出在视频学习中的难点和疑点，教师利用部分时间进行答疑和补充。此环节鼓励学生自主站起来，锻炼学生胆量，培养学生自主意识，让学生感觉到自己是课堂的主人，教师则是引导者和辅导者。

讲解结束后，学生当堂完成过关提高题，并给出解释，让学生自主解释

---

[1] 郑金洲.新课程课堂教学探索系列自主学习[M].福州：福建教育出版社，2005.
[2] 覃海燕.英语翻转课堂学生的自主学习能力培养策略研究[J].读与写，2022（6）：40-42.

题目，挖掘每题背后潜藏知识点，培养自主学习意识。

教师随机抽学生起来讲解题目，如有错误，请其他同学纠正，如还未解决问题，教师讲解。这种相互纠正的学习策略更能激发学生独立思考的思维模式。

3. 课后活动

教师对测试题进行收录，记载易错点用于今后有针对性的复习，教师也可根据测试中反映出的问题进行个别辅导。

教师要求学生写课堂感受，并提出建议，也有助于教师了解学生的学习情况。

教师根据教学目标完成情况以及学生的课堂感受对整个教学过程进行反思，让翻转课堂不断精进。

二、翻转课堂模式下学生英语深度学习能力培养

2015年，"互联网+"行动计划的提出和2011年《教育信息化十年发展规划（2011—2020年）》文件的颁布，体现了国家对教育信息化的重视，也体现了新兴教育模式研究与推广的必要性。后疫情时代的到来，推动了信息化教学探索，特别是"线上+线下"的教学模式发展，各种智慧教学平台的发展和普及也为其提供了发展土壤。翻转课堂作为其中的典型代表，经过长期探索和本土化，形成了较为成熟的教学模式，并在各大中小学中得到广泛应用。然而，大部分的翻转课堂教学实践模式新鲜、形式丰富、信息化强，却忽视了最重要的——学生的"学"。学生的学习仍未发生本质改变，停留在对知识的简单记忆和浅层次理解上。深度学习要求学生的学习不仅仅停留在表面的、浅显的知识学习，更注重对知识的深层次理解、整合、联结、举一反三，还注重真实问题解决、批判性思维、创造性思维等高阶能力的培养，将深度学习的理念融入翻转课堂中，能有效改善目前翻转课堂"只重形式不重内涵"的困境，以深度学习为目标来指导翻转课堂教学，从而进一步发挥

翻转课堂的模式优势，提升其教学效果。

（一）深度学习的内涵

深度学习是一种对新概念以及新事实存在着批判性的学习方法，把新的知识和传统的知识结构相结合，并将现有的知识转移到新的环境中，使学生学会如何做出决定、如何解决问题。深度学习首次出现在人工神经网络领域，是一种机器学习领域非常热门的方法，应用在教学中，深度学习理念就是一个将学习层次更加深入的过程。"深度"的意义在于，它研究了知识背后的机理，更强调明白知识背后的逻辑。

深度学习与浅层学习是两个相对的概念，它更注重学生能否深入地解析书本知识，理解书本中所包含的价值与内涵，并从表层信息中培养学生的学科核心素养、理解能力以及认知能力。

（二）深度学习的特征

1. 理解性创造，批判性评价

深度学习概念具有理解与批判性的特点，对知识点原理、含义的把握是深度学习概念的一个重要组成部分。而在英语教学中，学生的学习习惯以死记硬背的方式为主，这种学习方法并不能真正地内化英语学习。针对以上问题，深度学习思想具有创造性和评估性，它的主要目的是培养学生的综合学科素养，让英语与生活融为一体。这就需要教师在课堂教学中培养学生的社会性行为，注重学生的成长、发展和提高，促进学生的创造性思维。

"深度学习"要求学生用心分析、理解、感知，运用批判思维进行质疑、发现、积极开展讨论，将理论知识与实际活动相结合，并根据生活经验、学习经验进行判断分析，通过论证、评价、联想等方法来培养学生的正面情绪和文化价值，以帮助学生提高学习成绩，发展学习方式，达到学习的最佳效果，培养学生分析和解决问题的能力，从而使学生理解和记忆主要知识点。

2.迁移应用，整合构建

"深度学习"概念具有"迁移"与"应用"的特点，应用知识的特性转移是学生拓展自身"知识体验"、实现学习"内化"的最好方式，从而达到"学以致用"的目的。在知识整合和理解的基础上，通过间接体验的方式对书本上的知识进行深入的阐释，应充分利用深度学习观念中整合与建构的特点，整合其学习重点，对教学内容进行归纳与梳理，将零散的问题整合起来，让学生不再把自己的知识看作零散的、孤立的个体，而是把它们串联在一起，形成一个逻辑完整的整体。

综上所述，深度学习观念鼓励对原有的知识进行加工处理和迁移应用，使学生能够进行创造性的探究，将新的知识和旧的内容相结合，形成一个更为系统的知识体系，完善整体学习框架。深度学习对学生进行学科思维、创新和应用能力的训练，使其掌握和判断问题中的关键要素，培养学生在实践中积极利用所学知识，促进学生的全面发展。

（三）翻转课堂模式下学生深度学习能力的培养策略

翻转课堂要求学生的学习方式和教师的教学模式要从传统的单一化转向多元化，教师要从单一的课堂讲授转变为课下资源制作与上传、课上教学活动设计与组织；学生要从单一的课堂被动学习转化为课下自主学习、课上协作学习、主动学习、研究性学习等。教师从主导者转变为指导者，学生从被动者转变为主导者。

依据深度学习的内涵，在进行翻转课堂时，要注重不仅将学生从课堂下面推到课堂上面，还要注重学生积极主动的学习状态，使其真正地参与到课堂中来，以各种学习活动和教学策略来促进学生复杂问题解决能力、批判性思维和创新精神的发展提升。

美国学者埃里克·詹森（Eric Jensen）从教师教学角度提出了深度学习路线，即 DELC（Deeper English Learning Cycle），深度学习路线是一种教学策略,[①]根据其提出的 7 个步骤,结合翻转课堂的"课上"和"课下"两个阶段,设计其教学策略。基于深度学习的翻转课堂教学策略如表4-1所示。

表4-1 基于深度学习的翻转课堂教学策略

课堂阶段	深度学习路线	教学策略	具体教学策略
课下	设计学习目标和学习内容	先行组织者,认知发展策略	制作基础教学资源和拓展性资源
	对学习者进行预评估	课前调查、预访谈	课前调查、了解学生性格特点、知识水平
	营造积极的学习文化	分组策略、平台痕迹记录	分组(随机、自由、固定、异质分组),平台记录统计
	预备与激活先期知识、获取新知识	自主学习、小组学习	做笔记、归纳演绎、研究性学习、小组式学习
课上	营造积极的学习文化	情景教学、小组学习	情景教学、分小组学习,创建轻松愉悦环境
	预备与激活先期知识、获取新知识	直接教学、接受学习	教师讲授、知识答疑、自由提问、自由讨论、同伴互助
	深度加工知识	演绎归纳、项目学习、个别化教学	做笔记、归纳演绎,可视化表征、个人演讲、小组讨论、小组汇报、辩论赛、知识竞答赛、击鼓传花、纸条互传、项目式学习
	评价学习者学习	过程性评价	课堂观察、调查访谈、作业评价、生生互评、小组内评

1. 课下

教师根据问卷调查、预访谈以及日常了解接触,对学生性格特点及知识水平能力进行预评估;根据教学内容和学生特点对学习目标和学习内容进行设计;制作基础教学资源和拓展性资源,将其上传到智慧教学平台上,并根

[①] 章译丹.基于DELC的综合教学在大众传媒与文化课程中的应用[J].教育现代化,2020,7(35):182-185.

据课程需要对学生进行分组（随机、自由组合、固定等）。学生一方面根据教师制定的目标和上传的资源进行自主学习，另一方面根据小组任务进行小组合作学习。

2. 课上

教师进行基础知识的讲授，以弥补学生课下自主学习的不足，为后面的深度学习打下基础；接着组织开展各项教学活动（知识答疑、自由提问、自由讨论、同伴互助、做笔记、归纳演绎、小组汇报、小组讨论、个人演讲等），根据情况需要可进行更高阶的教学活动（辩论赛、知识竞答赛、击鼓传花、纸条互传、项目式学习等），通过一系列活动促进学生深度学习。

基于深度学习的翻转课堂教学策略大部分都比较常见，只是在翻转课堂中出现的频率较高而已，如知识答疑、自由提问、个人演讲、小组讨论、小组汇报、辩论赛、知识竞答赛、击鼓传花、纸条互传、项目式学习等。还有几个是很重要的深度学习教学策略，但是在平常授课中可能会忽略或很少使用的，在这里向大家一一释义如下：

（1）分组合作

有效的小组合作能实现优生带差生、同伴互助、生生参与，分组根据课程特点可进行随机分组（不确定性带来的新鲜感）、自由分组（学生根据个人意愿自由组队）、固定分组（成员间长期固定分组，配合默契，有利于任务分配和完成）、异质分组（将不同条件特点的学生分为一组，相互熏陶影响）。

（2）做笔记

记笔记不仅是将教师的知识讲述记录下来，更多的是学生对内容意义的建构。学生可以进行窗口式笔记，在记录知识时，及时进行思考分析，与已有知识进行联结、发散；学生还可以进行交互式笔记，学习时将收获及疑问记录下来，由教师进行批改和回答。

（3）归纳演绎

引导学生对所学知识进行总结提升，归纳到已有认知的大概念中去，并进行总结笔记的撰写、思维导图的绘制；引导学生对新知识进行演绎推理，阅读理解，对其进一步预测和假设，以提高学生创新思维、分析问题、解决问题的能力。

（4）可视化表征

可视化表征顾名思义是将所学知识和想法以"图像"的形式展示出来，可视化表征的过程即思考演绎的过程，有助于学生进行意义建构。思维导图是其中典型的例子，还有组织结构图、概念导图、故事导图、头脑风暴思维网图等，其中头脑风暴思维网图很适合小组讨论时使用。

（5）情境教学

情景教学能营造积极向上的学习文化，促进学生主动参与知识建构。根据教学内容创设教学情境，制造"就在现场"的气氛，学生进行角色扮演，感受"就是本人"的情形，引导学生进行移情理解和深层次思考。

（6）过程性评价

翻转课堂中的评价更多地关注到学习过程，深度学习聚焦于学生的学习状态和结果，故在此使用过程与结果并重的评价方法，教师通过平台浏览痕迹、课堂观察提问、调查访谈、作业给予评价。除此之外，还使用学生个人、同伴之间、小组之间互评等。

基于深度学习理念的翻转课堂，在常见的翻转课堂教学中融入更多的积极主动和多元化交互，积极主动地进行自主学习、研究学习、小组学习、项目式学习，多元化的交互包含同伴交互、生生小组交互、师生一对一交互、师生一对多交互。总之，主动和交互以深度学习为目标，使翻转课堂不再停留于模式表面，以达到本质追求。

第五章

翻转课堂模式下高校英语教师的能力与素质提升

随着翻转课堂的发展，教育理念发生了很大转变，对于高校英语教师的职业能力也提出了更多的要求。2018年1月20日，《关于全面深化新时代教师队伍建设改革》的意见中指出："百年大计，教育为本；教育大计，教师为本。"可见，国家对教师队伍非常重视，因此教师应主动地适应信息化、人工智能等新技术的变革，积极有效地开展教育教学，尤其是大学教师，应实现教师管理体制机制科学高效，实现教师队伍治理体系和治理能力现代化，推进高等教育内涵式发展。为此，本章就对翻转课堂模式下高校英语教师的能力与素质提升展开分析。

第一节 高校英语教师的专业素质与能力

一、高校英语教师的专业素质

（一）专业道德素质

1.专业精神

高校英语教师在教育教学活动中的价值取向和追求即为专业精神。高校英语教师的专业精神直接影响着自身的行为及其结果。为此，它要求高校英语教师具备高度的教育责任感，将教育作为自己神圣的职责；精益求精的工作态度；甘为人梯的服务精神；清晰有效的反思意识，不断实现自我超越；拥有坚定不移的专业信念。

2.专业自律

高校英语教师要表现出一定的"角色敬畏"。高校英语教师的角色意味着其所承担的道德责任和义务，而通过"角色敬畏"，使高校英语教师在教育教学活动中"有所为有所不为"，体现道德责任感和道德使命感。高校英语教师的专业自律还要求体现一定的"教育良心"，使高校英语教师对自己的教育教学行为进行自主控制与调节。

（二）专业知识素质

高校英语教师应该不断积累自身的实践性知识，重视教育经验反思，培养教育情境敏感性，倡导教育叙事研究，关切教育情感体验。只有这样，高校英语教师才能全身心地投入教育教学中，从而不断实现自身的发展和提高。

（三）专业能力素质

高校英语教师需要重视以下几个方面的能力素质提升：

第一，具备敏锐细致的观察力。通过观察更好地把握学生的心态，对学生做出更加客观的判断，从而能够进行有针对性地展开教学。

第二，准确清晰的记忆力，不仅对有关教育教学的知识有良好的记忆，对全班学生的各种情况也要有准确的记忆。

第三，具备一定的自我调控能力，使自身保持良好的情绪心理状态，用理智支配自己的情感，做到语言、行为合情理、有分寸。

第四，具备较强的创造能力。高校英语教师在借鉴前人发展先进经验的基础上，大胆进行工作方法改进，从中发现新的规律、新的观点和具有创造性的教育教学方法。

（四）专业心理素质

高校英语教师需要重视以下几个方面的专业心理素质提升：

第一，发展自身的人格心理素质，包括端正自身的需要与动机、培养良好的性格、提高自我调控能力等。

第二，发展自身的文化心理素质，要善于运用一定的方法和策略学习新知识和新技能，通过学习提高自身的实践创新能力。高校英语教师还要努力提高自身的文化素质，完善自身的个性和人格心理品质。

第三，发展自身的社会心理素质，认识到自身角色的多样性，建立良好的人际关系，具备良好的交往心理素质。

（五）专业人格素质

一个人的人格能够很客观地反映出其整体心理面貌。高校英语教师的人格形象能够体现出高校英语教师在教育教学活动中的整体心理面貌和心理特征。具体来说，高校英语教师的专业人格包括高校英语教师对学生的态度以及高校英语教师自身的气质、兴趣等方面。高校英语教师要实现自身的专业发展，就应该形成高校英语教师的专业人格，为专业的发展奠定良好的心理基础。

19世纪的俄国教育家乌申斯基认为，在教育事业中，教学工作应该以教师的人格为根据，任何规章制度、任何机构设施，无论其设计和安排如何完善，都不可能代替教师人格形象。只有通过教师的专业人格才能获得教育的力量源泉。

苏联著名教育家苏霍姆林斯基认为，从本质上来说，教育教学过程就是师生之间在心智和情感方面的沟通和交流过程。教育是人与人心灵上最微妙的相互接触。学生会因为教师的人格形象来对教师进行判断。

高校英语教师在长期的教育实践中，通过对教育、对学生、对自我的深切感悟理解，对职业道德和教育理想自觉追求的内化，可以使自身的专业人格逐步达到成熟。

（六）专业思想素质

从客观角度来说，专业思想是判定一个人是否属于一个专业人员的重要依据，也是现代高校英语教师与以往高校英语教师区别的显著标志。所谓高校英语教师的专业思想，就是指高校英语教师在理解教育相关知识的基础上所形成的教育教学思想。高校英语教师在教育教学工作中，要做到以专业思想作为行动的世界观与方法论。高校英语教师的专业思想为其专业发展提供了理性支点和精神内核，对于高校英语教师成长为一名教育教学专业工作者有着重要的影响。

客观来说，教育专业思想是动态发展的，是不断演变的。因此，每一位高校英语教师都必须不断地总结教育教学实践，以此形成符合自身发展特点的、体现个人风格的教育专业理念和专业思想。在不断发展变化的现代社会中，高校英语教师应该树立终身学习的观念，促进自身专业思想与时代的发展要求相接轨。

二、高校英语教师的专业能力

（一）专业决策能力

教学方式、方法和策略的具体实施都不可能忽视外在的客观条件对于其有效性的影响。师生空间关系、人际关系、课堂管理等方面都需要做出相应的教学对策，因此课堂组织管理方式和网络多媒体的使用也被纳入教学研究的范畴内。这对于高校英语教师的教学设计和差异化教学能力提出了更高的要求。面对水平参差不齐的学生，高校英语教师需要合理的教学理念和教学逻辑进行应对，因此各种教学模式和教学策略不断涌现。新的教学理念开始从实践的层面对传统的教学实践方式产生冲击。以学生学习为主的教学理念在科学技术的支撑下慢慢从理念层面走入到具体的实践活动中。在提升学生学习参与度、改变高校英语教师角色、提高教学活动有效性等方面发挥优势，并能够在一定程度上解决教学和学生水平差异的问题。

随着时代和科技的发展，越来越多的学生开始不满足于以基础知识为主的课堂教学，并对脱离其专业学习的教学内容提出了质疑。就大学英语教学来说，学生专业的多样性也是对具体教学实践产生影响的一个不容忽视的方面。大学英语个性化教学就提倡以英语作为语言工具，在履行通识教育职责的过程中也不能忽视不同专业学生的专业发展需求。

英语教学和其他学科专业相结合的大学英语教学模式对于提升学生的跨文化交际能力、本专业素养、获得更多的专业学习机会都有裨益。然而，这一教学模式在具体实施上会很大程度上受制于师资水平，这并不是说高校英语教师的专业能力和教学水平，而是指高校英语教师的专业结构。在我国，绝大多数的高校英语教师都具有语言类专业背景，而相对来说大多数其他专业教师的英语水平又不能达到英语授课基本要求。即便是英语专业出身的教师在教学中也面临着一些两难情境。

大学英语教学既然以语言交际能力作为教学目标，那么在教学方式和策略上理应以英语为主要教学语言，但是实际情况却比理论上要复杂得多。有研究者通过实证研究发现高校英语教师的母语使用量比较高。由于课堂教学时间的有限性，母语使用量的增加意味着英语使用量的减少。母语量的增加和英语使用量的减少对学生英语学习效果是一个双倍的影响。而高校英语教师母语使用频率的高低与高校英语教师所受到的教学理论学习时间和教龄没有相关性。研究发现师生对于高校英语课堂汉语的使用有两种表现：一方面支持英语的高频率使用，另一方面又由于学生水平差异、课时限制、课程类别特征（如抽象知识较多的阅读、写作等课程）等原因造成在具体教学方式和策略上的汉语依赖。对于高校英语教师具体教学活动的研究，集中于高校英语教师对于具体教学方法、原则等方面的使用以及宏观客观条件的限制，对于高校英语教师依据具体教学情境对各种语言教学方法的个性化使用关注度较低。

（二）教学反思能力

阿尔弗雷德·许茨（Alfred Schutz）在《社会世界的意义建构》中认为，如果行动只是朝向行动对象，这是没有意义的行动。只有在反思中将行动所获得的知识转变为经验，行动才会变得有意义。反思性不仅仅是一种属性，而且还是行动的内容。反思不论是个人层面还是行动的模式化层面，都是对已经发生的事件进行检视的过程和结果。对于高校英语教师的专业能力而言，一般有两种认知倾向和争论——到底高校英语教师是作为"技术熟练者"还是"反思性实践者"的身份存在于教学专业活动中。对高校英语教师专业属性的明确定义以及相对应的专业角色的定位，对高校英语教师专业发展有重要意义。

高校英语教师专业发展一直是教学研究中的关注点，但是从相关的研究具体内容来看，研究的侧重点基本上都在探讨高校英语教师某种教学素养和能力的养成。高校英语教师的自我反思是高校英语教师作为专业教学人员所应该具备的一项重要能力。高校英语教师通过对从不同教学情境中所获得的经验进行反思，可以有效地促进高校英语教师的自我发展。有效的专业反思需要高校英语教师深入理解反思性教学的实际内涵，对于高校英语教师来说，反思应该是由一系列的批判性思维活动所构成的循环，并不断地通过反思来指导教学事件，这样有助于高校英语教师成为自身教学活动的评估者。

与高校英语教师的反思性教学能力发展息息相关的，就涉及高校英语教师对于教学现场的实践经验的学习以及对各种资源的利用能力发展。行动学习是指高校英语教师在教学行动中通过对教学现场的理解并结合自身经验而进行决策的能力，与高校英语教师专业能力发展息息相关。行动学习作为高校英语教师现场式学习的一种有效途径，可以有效促进高校英语教师的多维专业能力发展，提高高校英语教师的批判性教学反思能力。

高校英语教师的教学事件无论是其实际的教学决策还是反思能力，都与高校英语教师对于与教学相关的资源进行利用有关。高校英语教师与各种教学相关资源之间的关系被很多研究者认为是一种互动式的关系方式，高校英语教师既利用已有资源进行教学，同时也是教学资源的创造者。这种互动式的高校英语教师与资源之间的关系方式对高校英语教师在教学实践中的能力发展，特别是教学设计能力有重要的影响。从概念表面上看，这种理念与吉登斯的结构化理论有了呼应，但似乎还是有将资源作为独立于高校英语教师之外的某种客观性的存在，并特别关注高校英语教师与这种客观资源之间的互动关系模式。也有研究者将高校英语教师自身作为资源来对高校英语教师与教学资源之间的关系进行深入理解，并在更加注重高校英语教师教学能动性的角度来对高校英语教师专业发展进行研究。以自身为资源体现了高校英语教师注重自主专业意识、教学、科研、实践等方面的自主反思、自我规划、自我评估的专业发展模式。

对于沟通行动在教学活动中的作用，有学者认为交往行动有助于多元共生教学思维模式的形成，并促进新型英语教学方式的形成。也有研究者认为权力的赋予有助于加强对高校英语教师个体层面的关注，有助于高校英语教师在教学行动中生成专业认同，形成专业共同体，促进教学行动和高校英语教师专业发展。

在教学活动中，行动者并非只有高校英语教师，但是教学活动中高校英语教师的主导作用及其教学权力决定了高校英语教师是教学行动中的行动者。以高校英语教师作为出发点来对教学行动及其相关要素之间的关系进行实证研究，并尝试理解高校英语教师的教学行动，对于教学研究有重要的实践意义。

王乐（2002）通过课堂观察和课后采访的方式对三位高校英语教师的课

后反思情况进行了调查。结果显示，目前高校英语教师的教育理论与行动理论之间还存在较大脱节，教育理论的掌握如果没有行动理论的支撑，则会大大影响教学效果。当然，该研究并不是一个规范的质性研究，其研究结果的有效性值得商榷，但是该研究为我们提供了一个从行动来对教学进行研究的视角。高校英语教师的教学行动引导学生的学习行动，进而形成互动。而高校英语教师作为行动主体所拥有的符号资源，以及作为行动者的利益偏向，目的理性行动都是高校英语教师教学权力的来源以及教学行动可利用的资源。

从社会属性来看，课堂教学中的社会行为可分为控制与服从、对抗与磋商、竞争与合作三个大类。有效的教学行动策略对于教学活动的有效性起到重要的作用，虽然我国英语课程改革在教学上已经取得了一定的成就，但是高校英语教师的教学习性对于教学行动策略有着重要的影响，教学习性是高校英语教师在理解课改并生成教学时间行动的内在依据。在我国英语教学改革不断推进的过程中，仅仅注重形式上的教学行动改革是远远不够的，要改变高校英语教师的已有教学习性，并使高校英语教师的教学主体自觉性不断发展，需要我们对高校英语教师的教学观念和价值观进行深入的研究和探索。

教育教学改革的成败关键在于高校英语教师的教育教学理念，因此高校英语教师的专业发展应该注重从教育教学理念的形成和发展的角度进行探讨。高校英语教师教学理念的形成，在很多研究者看来与其知识有一定关系，但是和工作中的同事、同伴的影响关系更加密切。因此，有研究者认为除了注重对高校英语教师自身的反思性教学能力以外，从高校英语教师团体的角度来对高校英语教师在与同事协作过程中的专业发展进行研究，也具有一定的实践意义。作为高校英语教师队伍中特点鲜明、规模庞大的群体，同伴互助更有利于高校英语教师群体间的协作与反思。由于多方面的原因，高校英语教师中女性教师的数量比例一直较高。这个现象的形成原因较为复杂，因此我们更应该将研究关注点投入到对这一特殊群体在现实情境中的专业发展上，而不是仅仅去讨论其形成原因。高校女英语教师的多重社会角色需要我们对其职业生涯发展的影响因素进行进一步的人类学、社会心理学方面的探讨，有助于我们深入了解高校女英语教师群体的专业发展和职业规划特点,并对其职业处境投入人文关怀。高校女英语教师的多重社会角色决定其职业规划和个人应对在其专业发展中所产生的重要影响,客观公正的高校英语教师专业发展管理和政策制定有赖于对这部分群体的深入研究。

除了高校英语教师群体中的性别因素外,高校英语教师专业发展方面的研究也对高校新手英语教师这一群体的研究投入了较多的关注。高校新手英语教师作为教学一线的新生力量,带着新时代的教学观、教学价值观等新观念进入到高校英语教师群体中,在很大程度上对高校英语教师的专业发展、提高教学质量、推进教学改革起着重要的影响。

第二节　高校英语教师的专业发展

一、高校英语教师专业发展面临的挑战

从独立院校英语专业设置来看:为解决大学生就业和企业招聘问题,英语教学模式日益向专业型靠拢,院校之间的竞争将回归到办学特色和办学实力上,大学改革办学方向朝专业型道路发展刻不容缓,大学英语专业课程也面临相当大的挑战。

从大学英语专业师资队伍来看:英语师资力量薄弱,教师年龄结构略显失衡,青年教师占比过大,且流动性太强,"传帮带"教师成长体系不完善,学生刚适应一位教师,就出现教师离职换新教师的情况;教师队伍的年龄、知识、职称等结构不够合理,助教过多,讲师与副教授过少;在扩招任务和提高教学质量的双重压力下,大学自有教师队伍的年龄结构呈现出"两

头大、中间小"的哑铃状分布，年龄结构欠合理。[①]此外，高校（三本院校）和公办二本院校已经统一被称为"本科二批院校"，但是高校生源与教师水平及教师待遇与公办院校依然存在较大的差异，有很大的提升空间。要想彻底转型，高校还有很长的路要走。

从时代发展与教师成长来看：教师多采用传统教学方式，而学生又处于快速发展、创新多变的时代，许多教师对于当下的数字化教学缺乏经验与创新；教师除教学之外，工作量较大，打磨课件、研究课堂设计、增加课堂趣味性的精力分配不足，线下线上融合度与创新力亟待提升；通过大数据和人工智能，学生学习和教师引导中存在的问题和难点更容易被发现，数字技术手段能够帮助教师及时改进教学，为教师提供更丰富的教学资源。在安心进行学术研究、提升科研能力的同时，如何紧随时代变化，在以大数据、人工智能为代表的数字化背景下及时更新升级知识体系及信息化素养、精进教学能力和创新能力，成为大学教师面临的一大挑战。

大学英语专业教师在转型发展与能力提升方面也面临诸多问题，如教师自身能力提升意识不强、高校培养培训机制不完善、转型空间和渠道受限、经济水平影响较大等。对教师个体而言，如何创新教学方法，实现专业实践能力和教学能力双提升，成为符合高校转型需求的双师双能型教师，是在新时代新常态下值得思考的问题。可见，教师坚持与时俱进显得尤为重要。

二、高校英语教师专业发展方向的把握

（一）从社会出发

近年来，国家及社会高度重视中小学生及高校大学生的全面发展，从而

[①] 许苗苗，方纯洁.民办应用型本科高校教师队伍转型发展初探[J].湖南科技学院学报，2016，37（06）：88-90.

忽略了大学生的学习状态及发展趋势。当前，大学生由于缺乏自控能力及对本专业的认知能力，有的学生无法获取专业证书及就业所需要的资格证书，因此在就业过程中毫无优势，导致新生对自身学历及能力产生怀疑，最终形成恶性循环。

对社会而言，应投入更多精力在大学生的身心发展及专业认知能力提升上，为高校开展职业技能实训课程体验，让学生在校期间了解工作中可能遇到的挑战，如为学生开办讲座和专业相关比赛，设置奖项，让学生意识到专业证书在就业过程中的重要性。

（二）从学校出发

近年来，各高校大力开展特色选修课和公共课，英语课也开始为其他选修课和公共课让步。教师为了完成课业，只能压缩课时，导致课堂趣味性不足，学生上课状态不佳，开始敷衍完成任务，对专业英语重视度降低，导致教师上课状态也受到影响，增加了教师的工作压力。因此，在凸显办学特色的基础上，重视本专业英语课，增加课时，增加趣味性尤其重要。专业英语实训课是不错的选择，既能满足教师上课学时要求，又能增强学生对专业英语的信心及兴趣，教师和学生都能走出教室，边学边实践。

多数教师每周需要完成教学任务20+课时，参加会议2~4次，另外还需要完成教案、教学材料、听课等教学任务，没有精力和时间把重心放在关爱学生、增加课堂趣味性、提高教学质量上。因此，学校应从教师的利益出发，给足教师安全感，提高教师待遇。例如，增加课时费，减少基础课时，适当在教师节等节假日给予礼品奖励，让教师充满斗志，拥有提高质量的动力，对教学事业充满信心，适当为教师提供兼职机会，让教师带领学生走出课堂，走近生活与自然。总之，只有立足于根本，立足于教师和学生，转型才能又快又稳。

（三）从教师出发

教师应丰富自身的专业知识，在教学中不断学习新知识。教师也应该多了解高科技教学手段，熟练运用各种线上线下教学软件。新时期，学校设备及电子教学设施日益更新，很多教师不能与时俱进，仍保持传统的教学方式，因不熟悉教学设备而耽误了教学进度。

教师在教学过程中应将理论与实践相结合，除了讲授课堂知识外，也应提升学生的专业能力。例如，关于口语的学习，除了讲授语言技巧外，更应注重学生的实践，安排相应的口语大赛、辩论赛、演讲比赛；利用口语练习软件，布置口语作业，如FIF口语训练系统、流利说等。实践发现，学生对此类教学软件并不抗拒。

教师应提升自身的心理素质，调整自身的心态，以更温和的态度面对学生。高校学生专业知识并不牢固，自控能力较差，课堂纪律需要教师不停维护，这会浪费大量的课堂时间。此外，学生词汇量不足，导致课堂进行不顺利，大量时间被用于解释单词、记忆单词上，课堂效率大打折扣。

采用翻转课堂的方法可以为英语课程带来更多创新。这种方法强调录制教学视频，鼓励学生积极参与，并且可以让他们在交流中分享自己的学习成果，从而不断积累教学经验，进一步提升教学质量。翻转课堂在充分发挥学生主观能动性的前提下，使学生从被动接受知识转变为主动探索知识，这是一种有效的课堂教学模式。同样，如果没有教师的必要指导，翻转课堂也会变成自学，失去集体教学的优越性。

社会越来越需要实践型人才，因此应更加重视高校的发展与转型，更加重视学生的专业技能培养与实践能力提升。高校需要立足于学生教育，立足于教师水平与教师待遇，立足于高校进行创新改革。此外，后疫情时代，教师毫无疑问面临更大的挑战和压力，教师在完成教学任务的同时需要兼顾本专业学生在就业中所需的实践能力，让学生能更好地将理论与实践相结合，同时调整自身与学生的心理状态。

第三节　高校英语教师翻转课堂教学能力提升的路径

一、提升信息技术应用能力

首先，教师要具备信息搜索的能力。教师要了解微课、慕课的有关内容，网络上已经存在很多有价值的课程素材，只要根据需求进行筛选和应用就可以节省大量准备教学资料的时间和精力；同时，教师还要学会运用相关软件，如教学视频、教学课件和讲义等。[①]

其次，教师要掌握多媒体应用技术。教师要能够运用信息技术来掌握学生课前准备状况。例如，视频任务的完成状况，学会运用信息技术和学生进行互动与讨论。如果网络资源无法满足教学需求，教师必须亲自录制教学视频，制作多媒体课件，设计最佳的展现方式。

最后，教师要通过现代信息技术来充实教学内容与教学方式。例如，结合视频音像等创作出精良的多媒体课件，以增加课堂的趣味性、直观性以及灵活性。

二、树立终身学习的理念

首先，教师需要根据自己的专业和研究类别，掌握所教授学科知识内容的总体框架，并了解各重点内容的结构，使各种知识在教学过程中有机地融

---

① 张丽丽.大学英语翻转课堂教学模式下教师角色的转变[J].科教导刊（电子版），2022（10）：276-277.

合在一起。

其次，从学习内容的角度，教师需要关注可用于教学的先进信息技术方法和教学理念的最新改革。教师除了掌握所传授的专业知识外，还应不断提高自身的人文知识，努力提高自己的动手实践能力。

最后，从学习习惯来看，教师要养成主动学习、独立思考的良好习惯，并带头实践。教师应该有积极主动地学习和思考的态度，不断创造学生在学习情境下需要的各种条件，引导翻转课堂中的角色转换。[①]

总之，翻转课堂作为一种全新的课堂教学模式，延长了课堂学习的课外时间，更加注重学生的自主学习和自我提升，这是对知识获取过程和课堂进步的颠覆性重构；大学英语教师必须适应当前计算机技术的飞速发展，努力提高计算机操作水平，能够熟练地制作视频，保质保量地完成教学活动；教师还需要不断提高自己的知识水平，更新知识结构，提高业务水平，最终实现教师在课堂中的角色转变。

---

① 张丽丽.大学英语翻转课堂教学模式下教师角色的转变[J].科教导刊（电子版），2022（10）：276-277.

第六章

翻转课堂模式下高校英语教学评价的多元化发展

翻转课堂教学模式以其自身的优势在高校教学中脱颖而出。然而，当前对翻转课堂评价体系的研究尚处于起步阶段，存在依赖传统评价方式、缺乏学科针对性、本土化探索不够深入等问题。因此，本章主要研究翻转课堂模式下高校英语教学评价的多元发展。

第一节　高校英语教学评价简述

一、教学评价的内涵

（一）区分评价、评估与测试

教学评价是对收集的教学活动和效果资料，按照既定的客观标准进行衡量和判定，这个过程具有客观性和系统性，本质是判断教学活动和效果的价值。为了得到准确的教学评价结果，作为评价者的教师必须严格按照客观标准的要求完成对教学活动相关资料的收集和测量。

测量是评价者将学生的学习效果进行数量转化，只是利用数学方法对学生学习行为和教师教学活动进行客观的描述，而不确定价值。例如，学生的考试成绩为78分，这个分数只是测量的一个结果，要想判断其价值还需要进行评价。另外，教学评价中需要进行测验，测验需要使用测量工具或测量量表。考试只是测验的一个工具，评价则是分析和评判考试结果。

关于评价，很多人会联想到测试、评估，认为三者是同一概念。但是仔细分析，三者是存在一定区别的。简单来说，测试为评价、评估提供依据，评估为评价提供依据，评价是对教学效果的综合评估。三者的关系如图6-1所示。

从图6-1可知，评价与测试、评估的关系非常密切，但是也不乏区别的存在。具体来说，可以从如下几个方面理解：

就目标而言，测试主要是为了满足教师、家长的需要，便于他们弄清楚自己学生/孩子的成绩。当今社会仍旧以测试为主，并且测试也为家长、教师、学生提供了很多信息。评估主要是为教师与学生提供依据，如学生在学习中遇到什么问题、学生学习的效果如何等，便于教师提升自身的教学质量，也便于学生提升自身的学习效果。评价有助于行政部门对教学资源进行合理配置。显然，三者发挥着不同的作用。

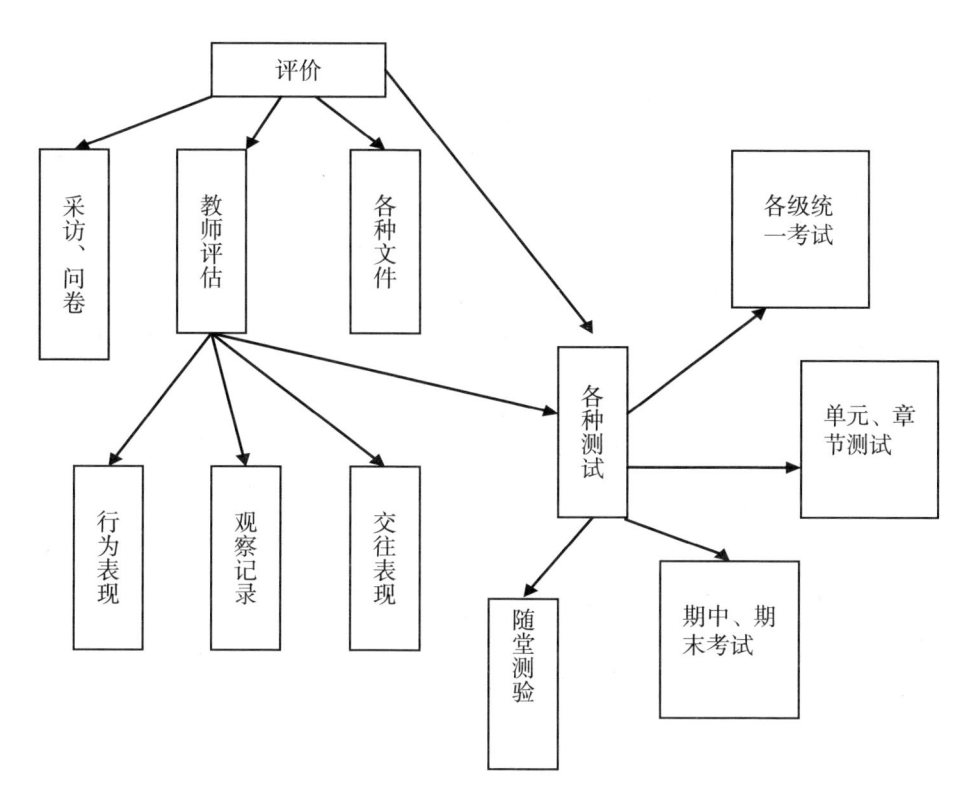

图6-1　评价、评估与测试的关系

（资料来源：黎茂昌、潘景丽，2011）

（二）高校英语教学评价的指标要素

1."三定二中心"

所谓"三定"，指的是教师从教学材料的特点、内容出发，对本次课的达标层次位置进行设定，分析各个目标层次可能需要用到的时间，然后考虑课堂评价的内容，对课堂展开定性评价与分析。所谓"二中心"，指的是课堂要以学生的活动为主体，同时教学任务主要是培养学生的能力。

2. 知识再现

受当前考试题型的影响，当前的英语教学考核主要是选择题形式。这样做导致仅仅给学生提供对正确答案进行辨认的过程，是处于智慧技能的初级阶段，对比现代英语教学的要求来说，是相差较远的。因此，在课堂训练中，一定要避免这种形式，从多种活动出发考虑，体现出学生所学知识在具体实践中运用的效果。因此，在高校英语教学中，教师应尽量少用选择题，否则学生的训练只能获得较低的水平。

3. 优化各类活动

高校英语课堂有很多活动，但是当前的课堂活动出现了多而乱的情况，一些本身梯度不够或者不同梯度的活动顺序出现了颠倒的情况，这就需要教师对课堂活动进行优化，并做到如下几点：

第一，活动层次梯度应该明显。

第二，梯度要与学生的认知规律相符。

第三，让全体同学都能够参与其中。

第四，要设置多种多样的活动形式。

第五，对活动的时间进行合理调整。

二、高校英语教学评价现状分析

（一）以书面知识为主要评价内容

在大学开设英语课程，主要目标在于培养学生实际运用英语语言的能力，保证学生在学习、工作和生活中对英语进行有效运用。课程评价应将语言实际应用能力和职业英语能力作为基础，多维角度考核大学生的英语知识掌握程度，以及学生运用英语语言交际的能力，还需要关注学生的价值观与情感态度，给予更为全面的评价。但是，我国部分大学在英语教学评价中往往只关注书面知识，考核评价内容为英语词汇量、运用语法的能力、阅读理解能力以及翻译能力。由于单纯地将书面知识作为主要评价内容，因此学生不会关注书本以外的英语学习板块，学生的学习成绩看似较高，实际上却无法有效运用英语。

（二）教师是唯一的评价主体

英语教师不仅是评价主体，同时也是被评价的对象，在评价体系内部的地位十分重要。高校英语教学评价往往为教师评价，很少甚至从不开展学生自评、学生间互评的活动，由于教学评价主体单一化，因此英语教师容易给出主观色彩浓烈的评价，评价结果失去应有的客观性。因此，大学生必须参与到教学评价中，以此构建完整的教学评价体系，同时彰显大学生在教学过程中的主体地位。

（三）只关注对结果的评价而忽视对过程的评价

部分大学在开展英语相关教学评价活动的时候，往往只关注结果评价，没有对过程评价给予应有的关注。英语教师只凭借期末考试的成绩，判定自身的英语教学情况以及学生的学习情况。这样做严重忽视了学生的学习过程以及学习态度，同时也从侧面打击了那些对英语抱有强烈学习兴趣的学生，甚至导致部分学生产生"理论至上"的思想，无法在后续学习过程中提升自身综合运用英语的能力。

（四）缺乏具备激励性质的教学评价内容

高校英语教师往往需要完成大量教学任务，英语教学只是其工作内容中的一部分，因此英语教师为了让学生在短时间内掌握英语知识，会选择在课堂上长篇大论地讲解，然后草草进行评价。这样做忽视了学生的情感态度，而且个别英语教师没有在教学与评价过程中鼓励学生，导致学生在进入英语课堂之后缺乏成就感以及学习积极性。

（五）缺乏对听力等其他学习板块的评价

为数不少的教师在评价英语教学效果的时候更多地关注书面内容，虽然期末考试包括听力和笔试两部分，但是听力题目的分数占比较少，而且仅凭期末考试的听力题答题结果对学生的英语能力进行判断显得十分片面。还有部分大学并未考查学生"说"英语的能力，英语课堂内部的口语交际板块通常为"走马观花"，即使英语教师在课堂内部进行评价，也缺乏实际的评价作用。

三、推动高校英语教学评价改革的策略

（一）高校应当及时转变英语教学评价理念

高校积极响应政府提出的职业教育改革要求，对英语课程教学进行初步改革，但是在建设教学评价体系方面，仍旧沿用精品课程相关评价体系，这种评价体系往往用于"工学结合、职业性和实践教学"的评价中，对基础性质较强的英语课程缺乏适用性。英语是基础性课程，不仅具备工具性，也具备强烈的人文性，因此在评价过程中，必须先转变相关教学工作者对教学评价的认知，同时转变课程评价理念。

英语教学相关评价体系的建设，必须遵循以学生为本的要求，重视对学生综合英语能力的评价。学生运用英语的能力，就是评估教学评价体系是否科学的指标，学生在整个英语相关教学评价体系建设当中居于核心地位，而且英语教师在开展教学工作的时候，必须将学生放在中心位置，并且将该理念运用于评价活动之中，保证教学评价体系完善。

除此之外，英语相关教学评价的内容也需要及时改革，英语教师必须突破传统的教学评价模式，开展综合评价活动，需要对学生的知识、态度、能

力、情感、价值观等进行全面评价。在职业教育改革不断深化的今天，需要将学生运用英语知识解决职业问题的能力作为评价内容，保证英语教学评价具备正确的方向。在科学合理地设计评价内容之后，英语教师能够有效推动英语教学以及评价体系的改革，为我国培养更多的职业化人才，同时解决以往英语教学评价片面化的问题。

（二）高校应当建设专门的英语教学评价模型

高校英语课程具备明显的综合性以及复杂性，因此不仅要有序开展教学评价工作，同时还需要革新相关评价模型。在构建英语教学评价模型的时候，英语教师应当注重评价阶段、维度、问题的系统设计。高校英语教学的评价模型分为三个阶段，分别为准备、过程以及效果。为了使评价模型具备更强的科学性，需要考虑不同阶段面临的问题，从而使评价模型与教学评价工作紧密结合。

其一，准备阶段，需要准备好评价所需的资料和信息，然后进行归纳与整合，同时总结以往教学评价中存在的问题，从而在改革过程中解决该问题。其二，过程阶段，大学需要将号召评价主体与客体的全面参与作为重中之重，原因是教学评价工作并非只由某一个人或者一个专业内部的教师参与，而是应由所有相同人员共同参与，因此要做好过程控制与严格把关。其三，效果阶段，总结已经得到的评价结果，然后将此作为依据，对英语教学的方法进行调整，指导学生运用更科学的英语学习方法，发挥出评价的诊断、整改、督促等良性作用。

（三）高校应当合理选择英语教学评价指标

高校英语教学评价体系的改革，应当适当地借鉴发达国家的英语教学评价标准，同时对实际教学情况进行分析，兼顾其他类型的评价标准，以及国家精品课程评价指标体系中英语教学实际情况，制订科学合理的、能够切实发挥优势的教学评价体系，为评价具体指标奠定良好的基础。不仅如此，在评价指标体系的建设过程中，必须对教学评价相关的指标构成要素进行分析，分别就学生、教师、内容、背景四个层面进行评价，重点关注教学管理工作相关评价活动。

需要注意的是，评价体系的建设必须做到以人为本、内容多元、促进发展，评价指标必须具备多个维度，而不是运用单一维度。例如，在教学评价指标体系建设的准备阶段，英语教学评价应当重点分析教学资源以及教学内容等，同时考量教学的理念、意向以及策略，更需要考量教师和学生的个性特征、学生已经掌握的英语知识、学生所运用的学习方式等。在正式开展英语课程教学之后，应当评价教师的教学策略、学生的学习方法、教学内容等。在教学效果评价阶段，应当评价教师的教学工作是否达标、学生的发展情况等。当然，所有指标权重必须合理设计，量化评价指标。

（四）高校应当合理应用英语教学评价结果

在改革教学评价体系的过程中，必须结合现有的评价结果深入开展教学改革，从而使教学评价体系得到持续完善。在获取教学评价结果的时候，不仅要进行定量计算，还需要对评价结果进行定性分析，坚持综合性的评价原则，不得单纯地为了获得教学评价结果而将所有内容简单叠加。在设计教学评价指标权重的时候，必须考虑关联程度以及知情程度，从而获得更为客观的评价结果。不仅如此，还要将评价结果进行公示，接受大学全体师生的监督，避免评价结果失真。

评价结果必须在实际英语教学工作中得到运用，同时融合英语教师的评奖评优、薪酬绩效、职称评定、学生综合评估等内容，使评价发挥出导向作用。首先，英语教师必须及时更新自身的教学理念，更多地在教学过程中培养学生运用英语的能力，还需要尊重学生个性差异，在设计教学方法的过程中，将学生放在核心位置，因材施教。其次，在教学活动管理方面，应当关注先进的信息技术，对现有的教学资源进行利用，同时建设信息化的教学评价平台，保证英语教学评价体系的建设能够适应现阶段改革发展的要求。

（五）高校应当强化英语形成性评价

1. 教师评价过程中存在的问题

在教育过程中，部分教师对考核内容、考核过程、考核题目的理解存在细微偏差，存在以下问题：

（1）评价内容单一

学习英语应该关注学习过程，而不仅仅是学习成果，要让学生学会合作、倾听和思考。过去，教师以考试成绩作为评价目标，单一的评价内容无法客观评价学生的学习。

（2）评价过程单一

在现有的评价模型中，往往以分数论英雄，通过单元检查、期末考试等总结性评价，在第一阶段评价学生的学习表现，忽视了学生的学习过程。

（3）评价主体唯一

在评价过程中，教师是评价的主体，学生的表现完全由教师决定，学生是非常被动的。

2. 形成性评价在高校英语教学中的运用策略

（1）建立学生个人学习记录档案

建立学生个人学习记录档案，对指导学生正确运用自我价值评价系统非常重要。个人的学习记录档案一般是教师在日常学习评价过程中逐渐建立起来的。个人学习档案中的主要内容是对学生成长的评价，有利于奠定学生的思想基础，进一步激发其学习动力和积极性，促进学生的全面发展。教师充分利用个人学习档案中的评价内容，不仅可以随时让所有学生看到、了解自己的成长路径，还可以帮助学生了解自己的进步和不足以及思考自己接下来的目标和计划，有利于促进学生的发展。

（2）追求评价的公平性

兴趣是学习的先导。例如，在教学时，如果学生能准确地回答问题，教师的赞美将是一种极大的鼓励，会激励他们更加努力地学习。在评价过程中，教师应鼓励学生以多种方式表达自己，提升他们的自信心。学生的作业、行为模式和学习情绪等应该通过积极有效的自我比较、自我反思、自我动机等进行评价。学生接受和喜欢评价，本质上是学生对教师最大的认可。

在整个评价环节中，教师要力求科学、准确地将最终评价考核结果直接反馈给学生，让所有学生及时认清自己真正的长处和短处，从而更全面、更理性、更客观公正地提升自己，追求人生更进一步的持续发展。学生平时的课堂学习时间可以尽量通过多种组织方式灵活调整。例如，团队成员之间进行自主对话讨论，认真回顾、反思、评价课堂学习活动过程，调整学习和积极改进学习计划，学习能力很快就能得到有效提高。

（3）完善形成性评价体系

在形成性评价系统中使用反馈可以有效改善学习效果，但仅靠反馈并不那么有效，因为反馈就相当于将深度学习的责任和进一步改进转移给学生。形成性评价包括三个阶段：前馈—反馈—后馈。前馈帮助学生了解他们的学习目标并知道如何评价自己，换句话说，就是它告诉你"去哪里"；反馈让学生了解自己的优点、弱点以及他们的表现；后馈进一步指导学生在此基础上进行构建和改进，以便清楚了解下一步该往哪里走。只有这三个部分在形成性评价体系中并存，才能有效促进学生学习。

①进行前馈。作为形成性评价系统的重要组成部分，前馈要回答"去哪里"这个问题。它主要包括三个部分：明确的目的、动机和目标设定。学生必须首先了解每节课的目的以及为什么这些知识、目标、信息是重要和适当的。当目标一致并且学生受到激励时，形成性评价系统就会起作用。

②进行反馈。越来越多的例子表明，反馈越快越好。反馈与学生的表现密切相关时，反馈会更有效。反馈应该是具体的，通过反馈指出学生做得好的地方和需要改进的地方，学生便可以做出有效的调整。反馈应该是可以理解的，只有当学生理解反馈内容时，反馈才有效。反馈的意义在于学生可以通过反馈的内容进行自我调整，缩小与目标的差距，这样教师提供的反馈才具有实际意义。在形成性评价系统中，学生可以通过反馈了解他们当前的知识状态。然而，仅靠反馈是不足以促进理解的，需要教师进一步的指导。没有额外指导的反馈有助于激励学生，但会削弱他们的学习热情。反馈是个性化的，是根据学生的需求量身定制的，这一点非常重要。教学过程的一个重要部分是检查学生的理解程度，检查理解应该与指令同时进行，而不是在给出指令之后。一旦目标达成一致并开始上课，教师必须不断确保学生理解目

标并帮助他们朝着目标前进。这种反馈策略尤为重要，在设计教学活动时，教师应考虑如何将学生的理解形象化，以便为下一阶段的教学提供有力的证据。反馈本身不是很重要，教师应在反馈后提供指导和建议，但教师不应直接说出答案，应引导学生循序渐进地思考，并以提问的方式引导学生走向正确的方向，并在需要时给予鼓励。形成性评价体系中的每个环节对教学目标的实现都起着重要作用，教学目标也是形成性评价体系的重要组成部分。

③进行后馈。后馈分为四个层次，每个层次都针对特定的内容，但后馈的层次应该与有效的教育目标保持一致。第一级后馈是对学习作业的反馈或纠正性反馈，这是教师最常用的后馈类型，对纠正错误最有用；第二级后馈是对学生认知过程的反馈；第三级后馈是与学生自我评价和自我管理相关的自我调节反馈；第四级后馈是关于个人的自我评价，并关注学生本人。

（4）构建逐步释放责任的教育框架

逐步释放责任的教育框架包括五个部分：目标设定、教师示范、顾问机制、有效的小组工作和独立工作。

①进行目标设定。教师在备课时都会设定教学目标，但并非所有学生都知道这一点。在课程开始时告知学生学习目标是非常有必要的。

②开展教师示范。在学校，学生不仅要学习知识，还要学习如何思考、提问和反思。学生需要教师为他们的思维过程建模，以便自己可以逐步开展自主学习。教师示范的重要性在于思想是无形的，让学生一步一步地了解教师是如何解决问题的。教师还要教会学生善于自我解决及综合分析，使每位学生最终能够运用自身所学专业知识思考和解决现实生活中的一些问题。

③设置顾问机制。督导从询问、鼓励、解决三个方面进行。问题是用来检查学生的理解情况，当学生理解不正确时，要鼓励学生思考。当鼓励不起作用时，教师应提供一些线索，学生利用给定的线索来解决问题。

④开展高效的小组作业。小组合作学习是必不可少的，小组合作可以更好地整合和应用所学知识。此外，小组合作中最重要的是让每名小组成员承担责任，并通过小组成员之间的相互合作进一步加深对目标语言和技术的理解。

⑤引导学生进行独立学习。教育的最终目标是培养能够独立思考的终身学生，因此每节课都应该为学生提供独立应用所学知识的机会。一项有效的

独立任务应具有及时性，当教师给学生一个独立的任务时，他们必须在一定程度上成功地完成给定的学习内容，并具备独立完成任务的能力。

打造高效课堂是每一位教师的目标，持续的研究、教学和学习也是每一位教师的使命。形成性评价对课堂教学具有广泛的意义，值得所有教师深入研究。研究和开发有效的评价模型是所有教师的职责。

第二节　高校英语教学评价的意义与原则

一、高校英语教学评价的意义

在翻转课堂模式下，科学有效的评估对于大学生的英语学习非常重要。对于教师来说，有助于改善教学环境，使教师对自己的教学过程有清晰的了解，改进自身的教学手段和方法，搭建师生和谐的互动平台。具体来说，英语教学评价具有以下两方面的重要意义：

（一）提升学生学习的积极性

对于学生来说，兴趣是最好的老师，如果能够帮助学生形成英语学习的兴趣，那么就能够提升英语教学的效果。传统的高校英语评价模式很难调动学生学习的积极性，学生往往是被动地接受知识，持一种"完成任务式"的心态，因此很难获得较好的英语教学效果。相比之下，翻转课堂模式下的高校英语教学评价模式能够将学生的学习潜力挖掘出来，实现学生高质量的学习。实际上，学生的学习能力本身相差不大，如果采用科学的教学手段，那么就可以将不同学生的学习潜力激发出来。同时，翻转课堂模式下的高校英语教学评价模式还可以实现师生之间的和谐互动，教师改变了以往"高高在上"的局面，与学生展开互动交流，从而可以将学生的英语学习积极性激发出来。

（二）培养学生的学习信心

很多学生不愿意花费大量时间在英语学习上，而是热衷于学习自身的专业课，这主要是因为他们存在厌学情绪。而以往传统的高校英语教学评价模式也恰好能够将这一厌学情绪放大，导致学生更不愿意学习英语，甚至放弃英语学习。

翻转课堂模式下的高校英语教学评价模式克服了传统高校英语教学评价模式的弊端，帮助学生提升英语学习的信心。学生通过对英语学习阶段的了解，可以建构自己对英语学习的信心。实际上，学生的英语学习信心与教师有着密切的关系，如果学校建立了翻转课堂模式下的英语教学评价模式，那么教师的整体水平就会提升，从而有助于促进学校、教师、学生之间关系的和谐。

二、高校英语教学评价的原则

（一）主体性原则

高校英语教学长期存在"费时低效"的情况，根本原因在于高校英语教学过分重视教授，而忽视了学习，对于标准化与一体化教学过分看重，未重视学生的个体化差异。在新时代，高校英语教学需要考虑学生的情感与认知因素，允许学生对学习内容进行自行选择，可能全部承担或者部分承担自身学习的前期准备、实际学习以及学习效果监控与评价等责任，让学生在学习与评价过程中形成一种监控意识。

（二）交互性原则

每一名学生都是一个完整的整体，教师与学生的工作目标是不同的，但是彼此之间也不是孤立的状态。教师和学生都是社会互动中的一部分，只有融入整个社会体系之中，才能将各自的效能发挥出来。[①]高校英语学习本身属于一种社会性活动，对高校英语教学模式的探索必然与教师和学生相关，师生之间的互动也是高校英语课程的核心。师生互动对教学活动的质量起着决定性的作用，师生之间的交互模式也对他们各自的角色起着决定性的作用。在这期间，学生从被动的听课角色变成学习活动的计划者、对自己学习过程的调控者、对自己学习结果的评价者。教师的角色也发生了改变，从之前的知识的播种者转变成课堂活动的组织者、教学活动的研究者、学生学习的指导者。

（三）情感性原则

英语学习不仅是一个语言认知的过程，还是一个情感交流的过程。当师生围绕着教材展开教学活动的时候，教师、教材与学生之间不仅是在传递信息，还是在交流情感。高校英语教学在高等院校中被视作传承异域文化的中介。在高校英语课程发展中，培养积极的情感是非常重要的。在新时代的高校英语教学改革中，情感、态度、价值观需要引起教师与其他学者的关注。学生对英语学习的情感不仅能够激发学习的兴趣，还能够感受到英语学习的快乐。

（四）实践性原则

1.结合主观和客观指标

教学评价的指标分为定性和定量指标、单一和复合指标、静态和动态指

---

① 韦健.大学英语教学评价模式的发展与创新[M].沈阳：辽海出版社，2019.

标几类。要想将主观和客观指标有机结合起来，首先要明确定性指标，为评价提供具有科学性、合理性的信息。定性指标具有较强的主观性，因此需要从多方面制订"好""尚好"标准，避免评价者在评价过程中以主观意识为主，但也不是完全限制评价者的主观判断。

2. 评价指标简约化

设计教学评价指标要全面涵盖教学活动的主要方面，但不能设计特别多、特别细的指标。教学评价指标应该简约化，也就是去除所有无关紧要的评价指标，将关注点放在实质性指标上，这样才能控制好评价成本，使评价效率和质量有效提升。

3. 学生参与教学评价

教师在设计教学评价指标的时候应让学生参与其中，得到他们的认可。学生参与教学评价的途径主要有两种：其一，制订和修改评价指标；其二，运行和执行教学评价指标，即学生参与教学评价过程。

第三节　高校英语翻转课堂教学评价的多元化手段

一、动态评价

（一）动态评价的理论框架

动态评价源于社会文化理论，主要关注学生的最近发展区，强调通过对学生学习方面的变化情况进行观察和记录，了解学生认知能力的变化。一般认为，评价者通过与学生展开互动，了解学生的认知过程与变化情况，从而探究学生潜在的能力，提供给学生恰当的干预手段，促进学生的全面进步与发展。因此，有人将动态评价称为"学习潜能评价"。

与传统的评价手段相比，动态评价不仅可以将学生的英语语言实际水平反映出来，而且在评价中，教师可以发现学生学习中存在的问题，对这些问题进行干预，保证教师的英语教学效率与学生的英语学习水平得以提升。不同学者对动态评价研究的视角不同，得出了不同的评价模式，归结起来，主要有如下两种：一种是干预式，即对量化指标非常侧重，教师提供的帮助是预先设计好的；另外一种是互动式，即对定性指标非常侧重，教师提供的帮助是师生之间展开互动。只有将两种评价手段结合起来，才能使动态评价发挥出应有的作用。

（二）从动态评价的角度改善学生的英语学习情况

情感、师生作用、环境等因素都会导致学生的英语学习问题，下面就从动态评价的角度对大学生英语学习情况进行改善。

很多大学生因为语言交际中本身存在的焦虑状态以及领会能力欠缺等问题，导致高校英语学习问题，但是通过干预式与互动式两种评价模式可以对其进行缓解。语言交际的焦虑恐慌可以通过与他人交互进行缓解，交互式评价强调师生之间展开面对面的交谈。例如，教师可以将个体的口语评价划分为两大阶段。在第一阶段，主要是选择学生熟悉的话题展开交谈，对谈话内容展开静态评价，这样便于了解学生在口语学习中存在的不足之处。在第二阶段，从静态评价转向动态评价，应该采用干预式评价手段，对学生在第一阶段存在的问题进行干预，并提供建议与帮助，这样就有助于缓解学生在口语交际中的焦虑恐慌。

在互动式动态评价中，教师可以对现阶段学生的学习动机、学习需求等差异有清楚的了解，为下一阶段学生英语学习中存在的问题进行预估，及时为学生提供干预手段。师生在交流互动中，教师对学生有清楚的了解，学生也会感到教师是关心他们的，从而产生满足感，愿意投身于英语学习中，这样由于师生关系引发的英语学习问题也可得到解决。

翻转课堂模式下的高校英语教学的动态评价强调学生在学习了一段时间

的英语后，与前段时间的英语学习进行比较，关注如何改进自己的英语学习方法，获取理想的英语学习结果。教师也从学生的动态互动中，对学生英语学习中的问题有所发现，并对这些问题进行适当的干预，真正实现因材施教。

二、翻转课堂模式下高校英语教学动态评价的方式

（一）多元评价

多元智力理论是哈佛大学教授加德纳在他的著作《智力的结构》一书中所提出的，加德纳认为智力并非只有一种单一的类型，而是多种智力类型的有机统一，人们在学习与生活中所呈现出来的智力类型是多元化的。

人的智力具有个体差异性，这种差异不仅体现在个体之间，也体现在个体内部。同时，人的智力也并不是固定不变的，而是处于不断发展变化的过程中。多元智力理论自传入中国之后，便引起了教育界的广泛关注，探索该理论与各学科融合发展的研究层出不穷。多元智力理论对英语教学评价的优化有着重要的指导作用。

1. 多元智力理论与多元评价

加德纳的多元智力理论被提出之前，学校通常只注重学生"读"和"写"这两方面能力的培养，但这两种能力显然无法体现出人类全部的智能，因此加德纳的多元智力理论是一种全新的智力结构理论，对以往的智力评价模式产生了重大的冲击。[1] 在多元智力理论中，加德纳认为如果只是将人类的智力局限于逻辑与语言这两点是十分片面的，难以将一个人真正的智力水平展示出来。相反，人类的智力构成应该是多元化和综合性的。多元智力理

---

[1] 张毅.多元评价及其在高职英语教学中的运用[J].校园英语，2021（42）：93-94.

论认为，人的基本智能之间彼此独立又相互统一。同时，多元化智力理论主要强调以下几点：一是每个人都具备多种智能，但它们在每个人身上的组合类型、呈现方式各不相同，这也使每个人的智力类型都是独一无二的；二是虽然每个人都有智能，但由于各种因素的相互作用使得发展方向和程度千差万别；三是多元智力是以语言和逻辑能力为基础的综合能力；四是多元智力是以相对独立的形式呈现出来的，而并非以整合的形式呈现出来的，同时，多元智力理论也是多元化评价的理论基础。

加德纳认为，一个人智力的发展不仅受个体内在因素的影响，还会受外部环境的影响。只有兼顾内外各种因素对人类智力的影响，才可以正确理解多元智力理论。所以，加德纳对以往的智力理论提出了质疑，并主张改变传统狭隘的智力评价模式，转而采用多元化的评价模式。学生的能力是各不相同的，每名学生都有自己的优点和缺点，学生在学习过程中所表现出来的智力类型并非单一维度的，而是多元化的综合体现。因此，在评价时要采用多元化的评价方式。多元化评价强调对学生评价时应该着眼多个角度，采用多种方法，以发展的眼光去评价他们的智力。这样对学生智力的评价才会更加客观全面，才能够更好地促进学生的个性化发展。

2. 多元智力理论下英语教学评价的必要性

（1）使每名学生得到全面评价

多元智力理论下英语教学评价是一种立体化的教学评价模式，通过这种评价，每名学生的智力都能够得到更好的发展，都能在学习中有所成长。

在多元智力理论下的英语教学评价中，每名学生智力构成因素的特点和优势都将会得到相应的评价。例如，有些学生擅长英语听力，有些学生擅长英语写作，有些学生擅长英语口语交际，无论是哪种智力类型，都可以得到客观的评价，这相对于以往单一的评价模式更加客观全面。需要强调的是，在当前应试教育背景下，尤其不能单纯以成绩好坏去评价学生的优劣，而要对学生的各个方面进行综合评价，这样才能保证评价的真实性与客观性。

（2）帮助学生树立自信心

多元智力理论下的英语教学评价与以往单一化的评价模式有着本质区

别，它能够帮助不同层次的学生树立自信心。教师可以结合学生的具体情况去制订差异化的评价方案和标准，对于不同类型和层次的学生采用差异化的评价标准。例如，在评价英语基础较差的学生时，教师可以着重评价他们相较于以往取得的进步，让他们看到自己努力的结果，从而帮助他们建立自信心。对于那些英语成绩优秀的学生，教师在评价时可以着重评价他们个性方面的发展，这样可以帮助他们巩固和提高学习英语的自信心。再如，对于那些虽然成绩不是特别优秀，但是有特长的学生，如擅长英语口语、英语写作、英语交际、英语阅读等，这些闪光点在以往以成绩为中心的评价模式中是经常被忽视的。而在多元智力理论下，教师可以有针对性地结合他们的闪光点进行评价，这样可以让学生意识到他们身上的优点，从而逐渐建立起学生学习英语的自信心。

（3）契合人性化的教育理念

学生的智力千差万别，再加之后天外部环境的影响，这种差异性就显得尤为突出。因此，单一的评价模式难以满足学生的发展需求。教师应该意识到这一点，确保英语评价兼顾人性化与理性化的特征，坚决杜绝"一法评千人"的评价模式。

多元智力理论下的英语教学评价要求教师不仅要关注学生的差异性，还要兼顾其他方面，为不同水平的学生提供更为广阔的发展空间。面对当下英语教学中存在的问题，教育理念的革新是十分必要的，需要在多元智力理论下去探讨问题的解决之道。基于多元智力理论的英语教学评价模式能够激发学生学习英语的热情，让学生从被动学习转变为主动探究，并帮助学生树立强大的自信心，进而促进他们全面发展，彰显人性化的教育理念。

3.多元智力理论下英语教学评价优化策略

多元智力理论与教育的结合推动了教育的个性化发展，这种个性化发展更加突出各种教学方式的设计，目的是使各种智力类型的学生都可以得到相应的发展。

在英语教学中，基于多元智力理论的教学评价有其独特的优势，即教师在认识到学生智力差异的基础上，帮助他们形成符合各自智力类型的学习风格等，尽可能地发掘他们智力类型中的强项，激发潜能，从而让他们在英语学习过程中获得相应的发展。在多元智力理论下的英语教学评价中，我们应该从以下几点去优化完善。

（1）评价理念多元化

多元智力理论强调智力是多元化的，任何一种智力类型都具有自身独特的价值，不能简单地认为某一种智力类型就一定比另一种更好。同时，多元智力理论也强调每一名学生的智力构成都是独一无二的，都有强弱项。因此，教师应该树立多元化的评价理念。

构建多元智力理论下的英语教学评价体系是为了激发学生各方面的潜能，并让他们认识到自己的强项与弱项，这样可以使他们更加客观地认识自我，从而更好地发展自我。同时，教师还可以通过多元评价积极鼓励学生去发展自己的智力强项，并将智力强项中所展现出来的品质与特点迁移到智力弱项中，以强项带动弱项，从而使学生各方面的智力得到均衡发展，进而促进学生的全面发展。

总之，多元化的评价理念应该以学生的全面发展为中心，突出教学评价的整体性，将教学评价和学生各方面素养的提升联系在一起，从而更好地促进学生英语综合素养的提升。

（2）评价内容多元化

可以通过让学生写英语日记来评价学生的观察、记忆能力以及自我反省能力，或者组织学生制作英语黑板报、举办英语口语交流活动来评价学生的绘画能力、交际能力以及情绪表达能力等。基于多元智力理论的英语教学评价不应该只注重对学生听、说、读、写、译等智力因素的评价，更应该注重对他们学习态度、毅力、交际能力等非智力因素的评价。英语智力因素的评价并非教学评价的唯一内容，教师在评价过程中应该明确多元化的评价内容，通过多方面的考察评价，给予学生展示自我的机会，鼓励他们扬长避短，这样才能更好地促进英语综合素养的提升。

（3）评价主体多元化

多元智力理论下的英语教学评价主体不但强调教师的评价，而且强调学生以及家长的评价，倡导评价主体的多元化，鼓励各评价主体之间相互沟通合作。这样既能够使学生由被动的评价对象转变为主动的评价主体，也能够使教师从评价的主导者转变为评价的组织者与辅助者，使家长从评价的旁观者转变为评价的参与者。因此，应该积极采用评价主体多元化的评价模式。具体而言，评价主体的多元化主要体现为以下几种形式。

一是学生自评。通过学生自评可以提升学生的自我反思能力，还可以让他们养成勤于思考的好习惯，并逐步使学生成为一个善于自省、能够自主学习的人，为他们的终身学习奠定基础。不仅如此，通过学生自评，教师可以发现学生在学习中的需求与态度，这样有利于教师在以后的工作中更好地优化与完善英语课堂教学。

二是学生互评。学生互评不仅可以使学生参与到评价活动中，还能够提升他们的沟通与协调能力。同时，在学生互评过程中，学生还可以学会相互尊重和相互欣赏，懂得在协作过程中去学习对方的优点，这对培养学生的自我学习能力大有裨益。

（4）评价方式多元化

教师可以采用问卷调查的评价方式。在问卷调查过程中，学生可以将一些不便在教师面前讲的事情写下来，这种评价方式能发挥出意想不到的作用。另外，还可以采用学习档案袋的评价方式，教师通过查阅学生的学习档案袋，可以对他们的学习情况有一个整体的了解，这样能够从更加宏观的角度去评价他们，评价的效果能够达到最大化。

（5）评价标准多元化

多元智力理论下的英语教学评价应该打破传统评价中"一刀切"的做法，采用更为多样化的评价标准，用不同的标准去评价学生。素质教育所倡导的全面发展并不是平均发展，每名学生的资质各不相同，单一的评价标准难以满足现代教育发展的要求，不利于学生多元化发展。因此，多元智力理论下的英语教学评价应该采用多元化的评价标准。在面对那些学习成绩优异的学生时，教师可以采用"常规参照评价"，通过这种评价标准，让学生找到自身的不足，并向着更高的目标迈进；对那些成绩处于中间层的学生，可以采用"目标参照评价"，通过这种方式让他们意识到自己和目标之间的差距，然后向着参照目标努力；对那些学困生，可以采用"自我参照评价"，当这些学生相较于自己之前有进步时，教师就应该给予及时的鼓励，激励他们在以后的英语学习中再接再厉。因此，在英语教学中，教师应该结合学生的具体情况，设置多元化的评价标准，使每名学生都可以得到不同程度的提升。

综上所述，基于多元智力理论下的英语教学评价模式不仅可以使学生的能力素养得到综合评价，还能够促进学生英语综合素养的全面提升。在这一过程中，教师也能够获得有关英语教学方面的各种信息，这对教师总结反思自己的英语教学工作大有裨益，有利于教师专业素养的不断提升。此外，基于多元智力理论的教学评价模式也可以使学校了解到自身管理方面的不足，能够帮助学校更好地完善各项教学管理工作。总之，多元智力理论下的英语教学评价对学生的学习成长、教师能力的提升以及学校教学管理工作的完善都具有积极的影响。因此，在以后的教育教学过程中应该积极推广和倡导这种评价模式。

（二）自主评价

1. 确定反思内容

反思内容最好以表格形式呈现，并且要结合具体的任务来设计。可采用自我反思表的形式，如表6-1所示。

表6-1 关于听力的自我反思表

学生姓名：＿＿＿＿＿＿＿＿ 　　　　　填表日期：＿＿＿＿＿＿＿＿
本人认真回顾了从月日到月日早自习时间我的听力情况，我共听听力＿＿＿＿＿＿次，我收获很多。 1.在听力习惯和能力上，我的进步体现在：＿＿＿＿＿＿。 2.我觉得取得听力进步的原因在于：＿＿＿＿＿＿。 3.在听力过程中，我还需要改进一些问题（听力习惯、语音、语调、句型、非智力因素等）：＿＿＿＿＿＿。 4.教师、同学、家长的意见：＿＿＿＿＿＿。 5.我想说：＿＿＿＿＿＿。

2. 给自己打分

在教与学的过程中，学生不仅是被评价的对象，而且是评价的参与者。

自我客观评价可以提高学生学习的主动性和积极性，促进学生对自己的学习进行反思，并帮助学生掌握评价技术，增加教师的评价信息，这一点是确信无疑的，难的是教师在教学实践中如何实施学生的自我评价。

（三）成长记录评价

1. 成长记录的建立

成长记录作为一种典型的质性评价方式，主要用于教师的课堂评价实践中。英语学科的成长记录可以按照听、说、读、写分门别类，根据教学需要来设计。具体来说，可以从如下几方面着手。

（1）指导学生在档案袋中做好学习记录

听：

能否听懂教师的教学指令：_____

能否听懂同伴的交流语：_____

听音练习时间：_____分/天

听音材料所涉及的话题：_____

完成听音指令的比率：_____

说：

上课的发言次数：_____

教师的评语：_____

同学们的反应：_____

完成课堂活动情况：_____

在与同学完成任务中承担的角色、所起的作用：_____

你学习的话题：_____

你能用这些话题完成的任务：_____

读：

阅读量：_____字/天

阅读速度：_____字/分

阅读的准确率：_____

能否概括出段意：_____

生词积累数：_____

写：

自拟题写作情况（题目、词数、关键词）：_____

阶段反思：_____

（2）指导学生选择放入档案袋中的作品

听：

你最喜欢的听音材料：_____

你最骄傲的听音结果：_____

说：

你最骄傲的课堂表现记录：_____

你得到的嘉奖证明：_____

读：

你最喜欢的作品：_____

你最感兴趣的作品：_____

你最骄傲的作品：_____

写：

修改前的作品：_____

修改后的作品：_____

最骄傲的作品：_____

最不满意的作品：_____

其他：_____

学生档案袋中记录的学生学习情况能帮助教师了解学生学习的整体概况，从而做出教育决策。

2. 成长记录的运用

建立学生成长记录需要师生双方长期的不懈坚持和努力，尤其是起始阶段，需要教师的引导和督促。[1]也就是说，教师需要有意识地提醒学生明确

---

[1] 王哲.互联网环境时代背景下的初中英语教育形态[M].哈尔滨：黑龙江教育出版社，2013.

搜集材料的目的，定期进行成长记录的更新，展开学生之间的交流，并争取家长的支持，以便相互借鉴、共同提高。相信随着时间的推移，成长记录会成为教与学的珍贵的第一手资料。

三、翻转课堂模式下高校英语评价体系的构建

（一）评价体系的设计思路

1. 翻转课堂在英语课堂中的应用优势
（1）创建语言文化环境

学习语言知识是一个文化获取和知识共享的过程，在课堂中创建语言文化环境就是创造能提升学生语言交际能力和知识应用能力的学习环境。在外语教学中，语言不仅是学科知识内容，还是传播文化的载体。基于对文化的理解，学生才能够更好地获取文化背景知识并构建该语言的应用体系。因此，学习语言的目的除了能够流利地和本族语者交流之外，还包括文化的接纳和思维的转变。在翻转课堂教学模式下，教师有充分的条件导入文化背景材料来协助教学，给予学生不受限的时间和空间了解传统习俗、生活习惯、思维方式等内容，从而进入语言文化环境。有了文化的支撑，学生的语言表达更为地道，知识应用更加合理。

（2）落实因材施教

在翻转课堂教学模式下，教师的引导作用和学生主体地位的关系能更好地落实因材施教。教师能够通过学生的课堂反馈和后台数据实时把握教学进度，对学习成效良好的学生给予肯定和赞扬；对学习存在困难的学生给予关注和鼓励，并及时给出针对性的指导和帮助。学生由被动学习转变为主动学习，在课下可以随时根据个人的薄弱点，有针对性地进行学习资料的暂停理解和反复回放。同时，在实际英语教学中，除了传统教学内容，口语练习往往缺乏充分关注。在翻转课堂教学模式下，教师有更多的课堂时间与学生进行口语练习，及时关注到学生在语言表达、词语运用、

语法知识上存在的问题并帮助纠正。学生在英语学习中的强项与弱项通过翻转课堂教学模式的特点与优势得以发挥和弥补，从而实现教师的因材施教和学生的全面发展。

2. 评价体系的构建原则

（1）教学主体二重性

学生是教学对象的主体，教学主体二重性作为翻转课堂教学质量评价体系构建应遵循的首要原则，要求教学评价体系的构建以学生发展为基础，突出学生的主体地位，尊重学生的个体独立性，关注学生的学习状态与思想变化，充分调动学生的学习积极性。[1]

（2）教学过程与学习成效并重性

教学过程与学习成效并重是构建一个良好的教学质量评价体系的重要前提。传统评价体系对教学过程的关注程度不够，功利性较强，一味地关注学习成效而忽略教学过程的科学性。同时，过程的过度关注过程会造成对规范化的、应有的教学进度的忽略，导致效率低下。因此，一方面，翻转课堂教学质量评价体系应体现课前学习材料的质量、课堂教学活动的效果；考查教师教案、讲稿等课前准备工作，以及课程答疑、实践指导等课后指导环节，从源头上避免程式化。另一方面，应设置合理的考试考核体系，从教师和学生两个方面入手，规范教学目标和学习标准，保证教学效率。

（3）评价指标体系的系统性

能否系统地体现教学过程的完整性是客观有效地评判一种教学模式是否具有可行性的重要标准。一套系统的、完整的翻转课堂教学质量评价体系需充分体现对课堂前期材料准备、课中教学形式内容、参与者体验感以及最终达到的教学成效的评价。

---

[1] 陈卫.翻转课堂教学评价指标体系的构建[J].阜阳职业技术学院学报，2022, 33（02）：41-43.

（二）评价体系的构建

1. 评价指标的形成

从中外文献来看，当前学术界对翻转课堂评价体系的研究有一定比例。评价体系构建研究采用了课前、课上和课后的维度划分。基于翻转课堂在英语课堂中的应用优势、评价体系的构建原则以及翻转课堂的经典课堂模式，这里设计了高校英语翻转课堂的评价体系，由"课前准备""课中环节""师生反馈"和"掌握程度"四个一级指标和下设多个二级指标构成。[①]

一是课前准备。课前准备主要指教师准备与课程相关的教学材料，如视频、文章等，并让学生在正式上课之前的任意时间内对材料进行自主学习。众所周知，优质的材料能够激发学生的学习兴趣，引导学生对课堂学习的主题产生思考，从而带着疑问更主动、有目的地在课堂上对知识进行吸收。因而，材料的质量直接关乎学生课前阶段的学习效果，进而在一定程度上影响课堂学习质量。与之相关的主要有以下三个方面：材料内容与教学大纲的相关度和拓展性，材料时长与数量的适度性，以及材料的面向受众，即材料难度的层次性。因此，课前准备的二级评价指标主要包括材料内容、材料时长与数量和材料面向受众。

二是课中环节。虽然经过课前准备阶段，学生对课堂上教授的内容已有了一定的认知，但课堂仍然是知识传授过程中不可或缺的一部分。课堂互动的效果直接影响学生在课堂学习的效果，其互动形式主要包括两种：其一是教师与学生一对一互动，学生对知识掌握程度有差异性，教师根据学生提出的不同疑问进行一一解答；其二则是教师引导下的分组互动，即班级被划分为许多小组，以小组为单位进行讨论式学习，教师根据小组整体进度进行答疑、引导。课程进度方面，教师的把握分为注重个体差异、频繁调整进度和尊重平均水平，这两种方式均会影响不同学生在课堂上对知识的掌握程度。此外，教师个人的学术水平以及个人魅力也是影响学生课中专注度的因素。因此，课中环节的二级评价指标分为：互动形式、课

[①] 杨春梅，章娴.研究生翻转课堂有效教学评价框架研究[J].学位与研究生教育，2022（01）：71-79.

程进度、教师个人。

三是师生反馈。不管何种评价体系，参与者的体验感都是重要的反馈因素。反馈主要根据主体、客体分为以下三个方面：教师的教学体验感、学生的学习体验感以及平台各项性能的使用体验感，其包括网络服务器承载能力、网页观赏性等。因此，对于师生反馈的评价二级指标如下：教师的满意程度高、学生的满意程度高、平台的性能好。

四是掌握程度。"学以致用"是任何学习的最终目的所在。因此，掌握程度的评价应包括对当下知识掌握程度的评价和对未来学习能力的评估。在对知识掌握程度的评价中，相比于传统教学模式对课堂效果比较单一的评价，翻转课堂模式下学习成果展示的方式更多样，而并非仅仅依据考试成绩；"翻转"体现在把课堂的中心任务从教师转移到学生上，因而对成果的评价模式有了学生互评、师生互评等创新，不再是单一的教师评价学生。对未来学习能力的评估分为学生学习自主性和学科思维体系的构建。终身学习不仅作为文明社会普遍提倡追求的个人能力，也是翻转课堂教学模式致力于培养的个人素养，主要体现在学习自主性的激发，即是否主动对该课程有想要持续学习的想法。除了课上教授的知识，使学生能够通过发散自己的思维，获得一个对该学科较完备的认识，也是翻转课堂教学目标之一。因此，对于师生反馈的评价主要涉及以下二级指标：出现新的评价内容、出现新的评价模式、学习自主性的激发、学科思维体系的建立。

2. 指标权重的形成

评价体系指标和权重如表6-2所示。

表6-2　评价体系指标和权重

	一级指标	权重	二级指标	权重
评价体系指标和权重	课前准备	28.70%	材料内容	12.31%
			材料时长与数量	7.98%
			材料面向受众	8.41%

续表

一级指标	权重	二级指标	权重
评价体系指标和权重	课中环节 31.0%	互动形式	11.11%
		课程进度	13.60%
		教师个人	6.31%
	师生反馈 15.74%	教师的满意程度高	5.32%
		学生的满意程度高	7.36%
		平台的性能好	3.06%
	掌握程度 24.54%	出现新的评价内容	7.28%
		出现新的评价模式	5.45%
		学习自主性的激发	7.408%
		思维体系的建立	477%

（三）基于评价体系的反思

1. 推动英语翻转课堂的相关建议

（1）重视课中环节。根据《评价体系指标和权重》调研发现，大多数师生更重视对课中环节的评价，尤其是课程进度。课程进度能否达到预期，不仅取决于学生课前的预习完成度、教师的备课情况，还取决于教师本身在课堂中的引导作用。当学生进行课堂讨论时，所提出的问题和讨论的方向发展无法被完全预知，所以教师对课程节奏的把握颇为重要。教师不仅在发布测试题时要限时，还要通过后台大数据把握学生对知识点的整体掌握程度，从而合理平衡课中答疑时间和思路引导工作，尊重预设的教学进度。

（2）创新评价环节。翻转课堂模式下，如果继续沿用终结性评价方式会使翻转课堂的教学收效甚微。因此，新的评价内容和评价模式受到师生的广泛关注，引入如学习报告、创作作品、思维导图、结课论文等新的评价内容和组内互评、组间互评、师生互评等多种评价模式。为确保评价环节的完整，在课前评价中，教师可以利用学习平台的数据，了解学生的课前预习情况，如学生视频学习用时和次数等，考察学习态度；课后评价可以创新为更趋向于学以致用的考核内容，如各种形式的学习成果展示等。

2.英语翻转课堂存在的问题

（1）学生学习效率各不相同。课前预习、课上探究、课后巩固三个环节都需要学生具有学习的主动性和积极性，但翻转课堂对学生的要求很高，需要一个系统的、长期的训练才能获得预期的效果。但实际上，很多学生到了大学才开始接受这种教学理念，改变过去课堂以教师讲授为主的模式，对学生来说非常困难，往往矫枉过正。同时，若学生课下学习不够充分，课程进度将推进缓慢，这样的翻转课堂就会流于形式，成了表演性质的一种课堂。

（2）课堂管理容易顾此失彼。翻转课堂作为一种全新的教学理念，课堂的灵活性和自主性对教师的课堂管理有着极高的要求。根据调查发现[①]，翻转课堂模式下，学生参与课堂的积极性有所提高，但是当小部分同学在进行学习成果展示时，教师对其他同学的管理和监控却存在较大问题，主要表现为，台上同学在展示成果，台下同学玩手机、讲话等注意力不集中的情况层出不穷，教师忙于对台上学生的表现进行考评而无法兼顾对其他学生学习行为的管理，导致学生之间互相学习、评价的效果低下。

翻转课堂构建了一个包含语言文化环境、体现因材施教的英语语言学习生态系统，为高校英语教育带来了创新与活力的同时，也带来了挑战和难题。评价指标与权重的构建是完善翻转课堂教学模式在高校英语教学中推广应用的有效体现，从而进一步提高教学效率，激发学生学习自主性，降低英语教师的职业怠倦感。相信随着学界对翻转课堂评价体系不断深入研究，翻转课堂教学模式能够在有效评估下不断进步与发展，针对特定教学内容转变指标性能以提高实用性，形成立足于我国高校教育实际的创新教育模式。

---

① 陈明珠.翻转课堂模式下口语教学形成性评价实施问题及对策研究[J].高教学刊，2022，8（09）：99-102.

第七章

翻转课堂模式下高校英语教学的创新趋势

在推动高校教学改革的过程中,许多学者开始积极地将课程思政理论、生态理论、ESP理论融入主题教学环节中,不断地采取创新的教学手段,积极推动教学资源的优化利用。课程思政教学、生态教学、ESP教学融入符合时代发展的要求,能够提高学生的综合素养,实现人才培养目标与时代发展之间的紧密联系和互动。对此,本章以翻转课堂模式下的高校英语教学为中心,具体分析英语教学改革与课程思政教学、生态教学、ESP教学融合的相关策略,以期为促进我国高校英语教育质量和水平的提升提供一定的借鉴。

第一节　基于翻转课堂的高校英语课程思政教学

基于当前社会发展的新形势、教育发展的新任务以及学生思想的新变化，高校英语也需要在具体的教学过程中融入新的教育理念和教育方法，并深入挖掘英语知识中所蕴含的思想政治元素，确保学生在学习英语、提升英语能力的同时形成良好的道德素养及人格品质，强化学生对中华优秀传统文化的认同，从而树立起文化自信，实现立德树人。因此，构建高校英语思政教学格局既是英语教学改革的内在要求，也是实现立德树人的重要途径。然而由于各种现实因素的影响，高校英语课程思政建设与教育在具体的实施过程中显露出了很多深层次问题，需要教师加大重视力度，并通过多措并举予以解决。

一、课程思政的内涵

课程思政中的"课程"泛指学校为某一专业人才培养而有目的、有选择性地设置各类具体课程、讲座以及其他教育教学活动；"思政"则是思想政治教育的简称，需要特别说明的是，课程思政中的"课程"并不包含"思想政治理论"课程，课程思政本身也不是一门课程，而是一个包含了思政教育目标、内容和方法的综合课程体系和教育理念。课程思政的内涵即在显性的知识技能传授过程中，系统而隐性地融入思想政治教育内容，在教育教学活动中实现知识传授与价值引领相统一，合力培养德技兼修的高素质人才。《高等学校课程思政建设指导纲要》（以下简称《指导纲要》）明确指出了课程思政教育的基本内容：以习近平新时代中国特色社会主义思想为引领，以立德树人为根本任务，"以爱党、爱国、爱社会主义、爱人民、爱集体为主线，围绕政治认同、家国情怀、文化素养、宪法法治意识、道德修养等重点优化课程思政内容供给，系统进行中国特色社会主义和中国梦教育、社会主义核心价值观教育、法治教育、劳动教育、心理健康教育、中华优秀传统文化教育"，通过深度挖掘各类非思政课程本身所蕴含的与课程内容紧密相关的思想政治教育资源，在显性地实施知识与技能传授的同时，润物细无声地实现思想政治教育培养目标，实现思想政治工作贯穿教育教学全过程，"使各类课程与思政课程同向同行，将显性教育和隐性教育相统一，形成协同效应，构建全员、全程、全方位育人大格局"，以"全面提高人才培养质量"为总体目标。①

二、高校英语课程思政建设的意义

英语是跨文化交流的重要工具，通过学习，一方面，学生可以熟练运用英语实现交流与沟通，尤其是大学生面临着严峻的就业形势，具备良好的英语能力可以帮助学生在择业就业时有更多的选择权，在工作中也会有更突出的业绩表现。另一方面，英语与汉语所处的文化背景、时代背景以及社会制度等是不同的，学生通过英语知识可以看到不同的世界、接触到不同的文化，无形中就拓宽了学生的视野，对世界有了更加全面的认知。但是，英语反映的社会制度以及宣扬的观念、意识形态与本土有着本质性的区别，大学生在接触的同时也会在思想上受到一定的影响，若是不及时做出正确的引导，会影响学生的发展乃至国家的发展。因此，充分挖掘英语中蕴含的思政元素，实施课程思政教育是必然的，有着极大的现实意义。

---

① 教育部. 教育部关于印发《高等学校课程思政建设指导纲要》的通知[EB/OL]. （2020-05-28）[2022-05-01]. http://www.moe.gov.cn/srcsite/A08/s7056/202006/t20200603_462437.html.

（一）优化英语育人效果

英语教学最基本的功能就是"育人"，教师基于教学实际以及学生需求设计和实施英语教学活动的最终目的就是让学生掌握并熟练运用英语知识和技能，提升学生对现代社会的适应能力。但鉴于英语学科的特殊属性，教师在教学中为了确保学生思想意识形态的正确性，在"三全育人"模式下开展了课程思政教育。通过其中蕴含的思政元素、哲学文化等帮助学生在学习知识的同时形成正确的三观，引导思想的正确发展，以此来培养学生的英语人文素养。这既能弥补英语教学的短板，优化英语育人效果，也能进一步满足英语教学深化改革的需求。

（二）夯实课程思政阵地

英语具有工具性和人文性特点。英语的发展都是根源于它所处的文化环境、人文环境，这些英语文化也会随着英语知识的传播而传播。通常在讲解某个知识点的时候，为了让学生深刻了解，教师也会引入一些英语的文化背景或者讲述一个文化故事等，但这样会加剧学生对外来文化的好奇心，从而忽略了本土文化，一定程度上会扭曲学生的思想。实施英语课程思政教育能进一步拓展课程思政的深度和广度，并引导学生正确认识、理解中外文化，进而在坚守民族信仰、文化自信的基础上正确地分析、辨别和利用西方文化，由此依托英语课程夯实思想政治教育阵地，让学生实现全面发展。

三、高校英语课程思政教学存在的问题

（一）缺乏学生主体的落实意识

课程思政建设是实现立德树人的有效载体，本质是围绕学生的需求开展系列活动，促进学生全面发展。这就意味着教师需要在教学中尊重学生，引导并鼓励学生积极参与教学活动，使其主体性得到充分的发挥，从而实现"教"与"学"的同步发展。但在课程思政建设的具体实践中，以学生为本落实并不彻底，基本上就是教师整堂课都在讲，学生几乎不能参与进去，导致课程思政元素挖掘与应用效率受到制约。比如，教师在挖掘和利用学科中的思政元素时没有考虑学生真实的思想状态和心理感受，而是依据经验或者自己的主观意识向学生灌输知识。学生在学习中得不到自己所需要的，就会对课堂产生一定的抵触情绪，这就造成了教育方向的偏离，从而不利于课程思政教育的深入开展及教育效果的提升。

（二）缺乏完善课程体系的指导

这主要体现在教学所依据的教材课程体系并不完善，高校英语教材中并没有涉及过多的思政内容，从而无法为课程思政教育创设条件。通常在教学中会使用统一的教材，并且教材内容在很长时期内不会做出调整，但整个社会环境是处于不断变化和发展状态中的，英语教学的发展、社会对英语人才的需求和要求也在变化。若是教材内容没有做出调整，教学以及学生对这种变化的适应性就会降低，加之课程思政理念从出台到实施的时间较短，目前还没有相对成熟和完善的教育材料给予支撑和辅助，因此课程思政实施起来较为困难，缺乏系统且科学的指导。

四、基于翻转课堂的高校英语课程思政教学的现状

翻转课堂彻底颠覆了传统教学模式的结构与流程，并以此带动课堂管理模式、课程体系设置及教师角色定位、课程考核方式等一系列变革。目前，很多教师运用翻转课堂模式进行课程教学，提升教学质量，翻转课堂已成为我国高校教育领域课堂教学改革的重要标志。虽然一些教学观念比较先进的教师在课程授课过程中，会有意识地融入对学生进行价值引导的思政内容，但是由于缺乏完善的理论体系，导致这些内容存在碎片化问题。

五、基于翻转课堂的高校英语课程思政教学的策略

（一）以学生为主体，以教师为主导

打破高校英语传统讲授式教学模式，利用翻转课堂模式开展高校英语教学，把课堂交给学生，做好课前、课中、课后各个环节的设计，引导学生由被动学习转变为主动探索。课前设定好课程目标、问题及任务，引导学生组建团队、协同合作并进行"头脑风暴"。在云班课平台根据学生兴趣点、学习情况创建讨论组，引导学生围绕话题搜索相关资料，将讨论结果制作成PPT在课堂上汇报。其他组学生可参与探讨，进行质疑，提出建议，教师最后进行评价。课后，小组可以根据评价和建议继续搜索、整理、修改、完善，之后提交云班课平台，通过后方可进入下一环节。整个过程学生始终以主人翁的角色参与课堂学习，发表观点，积极主动探讨并解决问题。①

教师需对我国教育政策、法规有准确深刻的理解，将思政要素分解为文化传承、学习精神、职业规范、团队协同、审美体验、专业素养、人机协同、跨界融合、共创分享等具体要素，挖掘其中能与高校英语课程思政结合的育人元素，吸收国外翻转课堂经验，结合高校英语课程教学具体情况，选择合适的高校英语课程思政案例，运用先进的高校英语教学模式。教师在高校英语教学中应启发学生思维，将专业知识结构、技能要求进行模块化、碎片化分解，找准课程思政切入点，提炼育人元素，融入思政教育元素，实施翻转课堂教学模式，让学生随时随地进入英语学习状态，不再受时间和地点的限制，以此促进英语知识与技能、过程与方法、情感态度价值观目标的达成。

---

① 谭浩.交互设计正在建立自己的理论和方法范式[J].设计，2019（08）：57-58.

（二）线上线下相结合

高校英语交互设计课程具有技术性、艺术性、前沿性特点，实践性较强，对于学生来说学习难度较高，要求学生运用互联网思维、逻辑思维、商业思维进行作品创作。该课程要求学生持续关注和解决用户需求，接受用户和市场反馈，与时俱进了解时事及人们关注的对象，进行需求分析和更新迭代设计。课程特点在一定程度上影响了教师的教学方式，促使教师运用多元化教学方式，以提升教学质量。

一是开展高校英语线上线下混合式教学。丰富的线上教育资源是开展混合式教学的前提。交互设计课程线上资源包含教师录制的微视频、课件等资源，以及现有国家级、省级精品在线开放课程资源。高校英语教师应合理选择线上教育资源，安排学生进行课前学习，在线下课堂根据学生线上学习情况开展针对性教学，解决学生的共性问题，保证线下教学质量。高校英语教师可以根据学生线上学习数据，精心设计课堂活动，让学生将线上学到的知识在设计实践中进行运用，检测学习效果，从而查漏补缺、温故知新。[1]

二是优化高校英语教学管理。可以利用线上教学平台建立线上教学数据库，依托网络平台与学生进行互动，对学生进行管理。学生可自主安排时间学习线上教育资源，课程负责人和助教分别负责监测学生学习进度，确保学生课前在线下讨论完成对应章节的学习任务。教师可通过在线签到、答疑、知识评测环节把控学生知识学习进度及知识掌握程度，对薄弱环节强化训练，有效设计进阶课题。为更好地检验学生的学习效果，教师还需要精心设计课后作业。任课教师、助教共同记录、评价学生在线下讨论时的表现，了解学生的学习情况，批改学生提交的课程作品及课题汇报。在评价环节，结合学生的线上学习情况和线下课堂表现，对学生进行客观、全面的评价，使得学生选课、日常测验、学习进度跟踪、课程考试等融为一体。

三是优化高校英语课程考核方式。课程考核成绩由平时成绩（占总成绩30%）和期末成绩（占总成绩70%）构成。平时成绩包括出勤（占总成绩

---

[1] 高娃.交互设计类课程过程性考核探索研究[J].设计，2018（18）：111-113.

10%）、平时作业（占总成绩10%）、线上资源学习和互动（占总成绩10%）,期末成绩包括设计报告（占总成绩20%）、期末作品（占总成绩50%）。为了让考核更加精准，在考核过程中也应充分考虑学生对待平时作业的态度、完成作业情况以及完成作品的创意性等，对学生学习进行准确考核。在布置平时作业时，可以结合每一章节的重点和难点让学生进行针对性练习。对平时作业的评价可以采取学生自评和教师评价相结合的方式，评价指标为作品完成度、精准度、创新性、视觉美观性、格式规范性等。每一部分设置不同分值，同时将学生在线上和线下的互动情况计入加分项。期末考试作业要求学生以小组为单位完成交互作品、创意设计报告，考核学生团队协同能力、创新能力、设计制作能力、效果展示能力等。考核指标为作品选题意义（是否有正确价值导向）、创新设计、需求分析、结构设计、素材创作与加工、界面设计、交互设计、交互动画演示、效果展示等。

　　四是高校英语知识、技能提升与价值引领并举。在高校英语课程教学中，应尽量避免因过于注重高校英语知识技能传授，而忽视意义建构和意义表达，忽视思政教育。交互设计作为兼具技术性、艺术性、前沿性的课程，很容易使学生因专注于技术而忽略了学习目标。因此，教师在提升学生知识技能的同时，应注重对学生的价值引领。在教学方面，要保持前瞻性。研究国内外翻转课堂的先进经验和模式，如微课、慕课、创客教育、VR（虚拟现实）、AR（增强现实）等现代教育模式和信息化教育手段，借鉴吸收先进技术应用经验，因材施教，以更好地实施翻转课堂教学模式。在价值引领上，教师应准确把握高校英语课程目标，突出专业特色，利用先进技术传播先进文化。以学生为主体，借助新的技术手段和方法，从高校英语课程设置的细节出发对学生价值观念进行引领。应引导学生关注社会、热爱生活，将专业设计与文化元素相结合，从社会热点、文化传承、学习精神、职业规范、团队协同、审美体验等方面出发，在教学中有效融入育人元素，将德育贯穿课程设计的始终，着重培养学生在人工智能发展态势下对知识技能的灵活应用能力、协同合作能力，提升学生对人生、对世界的认识，使其踏入社会后能尽快转变角色，适应社会。

　　综上所述，我国目前的翻转课堂和高校英语课程思政还处于探索阶段，仍面临很多挑战。交互设计课程具有实践性、综合性的特点，在进行课程教学时，需要结合学生特点和国情进行翻转课堂教学，深度挖掘课程思政元素，找准切入点。高校英语课程思政和翻转课堂对高校英语教师提出了更高的要求，要求高校英语教师转变教育理念，提高自身专业能力与实践能力。在翻转课堂理念指导下，高校英语教师和学生都需要做好充分的准备，灵活运用网络教育平台，对新知识进行深入学习，在线下课堂积极互动。与此同时，高校英语教师应充分挖掘交互设计课程中的思政元素，以学生为主体，提升学生思政素养，落实"立德树人"根本任务。

第二节 基于翻转课堂的高校英语生态教学

一、生态课堂的内涵

生态课堂是从生态学的视角出发，对生态状态下的课堂加以研究的学科，其强调教师、学生、教学信息与组织、教学环境、教学平等环节要实现和谐统一，是对师生关系、课程结构等进行的新型建构，是一种各个环节之间彼此联系与和谐共生的教学形态。

二、高校英语生态教学优化的原则

（一）简便优化原则

建设高校英语生态教学不仅要追求系统性、目的性、有效性，还要追求简便易行、高效率、多功能等。因此，优化高校英语生态教学必须遵循简便优化原则。简便优化原则从系统的价值标准角度反映了系统存在和发展的客观规律，这不仅揭示了教学主体对高校英语生态教学系统的一般要求，而且还揭示了高校英语生态教学系统优化发展的方向和趋势。

（二）主体性原则

建设高校英语生态教学的过程中，要充分重视学生主体的作用，培养他们在特定环境中的自控能力，使学生学会自己管理教学环境。高校英语教师和学生都是高校英语生态教学的主人。高校英语生态教学的建设离不开教师与学生主体的参与、支持和合作。正因为如此，在优化高校英语生态教学的过程中，高校英语教师应充分调动学生的主动性与积极性，使高校英语生态教学的创设得到最广泛的支持，长久维持优良的高校英语教学环境。

三、基于翻转课堂的高校英语生态课堂构建的策略

（一）加大经费投入力度，促进对英语教学硬件设施的维护与更新

高校英语教学硬件条件的好坏对教学活动的开展和教学效果的优劣有直接的影响。学校应加大资金投入力度，改善高校英语教学硬件条件，为学生提供良好的学习环境，提高学生的学习兴趣。

（二）提供各种书籍、期刊等丰富的学习资料

高校英语书籍、期刊等资料对学生学习英语知识起到关键的作用。为了让学生学习和了解更全面、新颖的高校英语信息，学校应丰富图书馆中的英语学习资料，确保英语学习资料的种类、数量和质量能满足学生的需求，营

造浓郁的学习氛围。

（三）建立和谐的人际关系

高校英语教学中师生与生生之间建立和谐的人际关系对于营造良好的课堂氛围、优化教学环境及提高教学效率具有重要意义。具体来说，师生要从以下几方面努力建立、改善及维持关系。

第一，高校英语教师要与学生建立和谐关系，就要先对每名学生的英语基础、英语学习兴趣等加以了解，在英语课上针对不同学生的需要进行个性化教学，并尊重学生的个体差异，重视每一位学生的主体地位，平等对待每一位学生，积极调动学生在英语课上的学习热情与自觉性，鼓励学生参与到集体的英语教学活动中来，与学生建立亦师亦友的关系。

第二，高校英语教师在课堂上运用现代化教学手段与学生互动，与学生共同讨论视频中的动作，提醒学生应该注意哪些细节，并启发学生思考和提问，现场解决学生的疑问，这样不仅提升了学生的学习兴趣，也使师生互动交流的机会更多。

第三，高校英语教师在高校英语课堂教学中组织一些集体性的游戏或比赛，使学生以小组为单位参与活动，引导学生团结友爱、互帮互助、相互配合，培养学生的集体主义精神与合作意识，使学生在合作中建立与巩固友谊，共同学习与进步。

（四）培养高校英语教师的信息化教学能力

在翻转课堂教学中，不管是高校英语教师还是学生都能迅速便捷地获取丰富的教学信息与资源，而且师生在这方面拥有均等的机会，学生获取学习信息的渠道增加了，能够自主从移动网络上获取更多可靠的有帮助的重要学习资源。这种教学形式对高校英语教师的角色、作用及能力都提出了更高的要求。高校英语教师要主动适应信息化教学环境，树立信息化教学理念，学习翻转课堂教学方法和手段，将其理念、手段充分融入教学中，加快推进高校英语教学与翻转课堂教学的融合。这是时代的要求，也是高校英语教师自我发展和实现自我价值的要求。高校英语教师可以使用移动App参与翻转课堂课程的开发设计、分析研究、辅导领航等，角色的多样性增强了高校英语教师的责任感和使命感，高校英语教师必须自觉提升自己的信息化素养和现代化教学能力，扮演好每一个角色，为学生学习提供最优质的服务。

第三节　基于翻转课堂的高校英语ESP教学

随着国际化交流的不断发展和深入，专业技术人员在专业领域内的跨文化交流能力越来越重要。培养具有较高专业技术水平以及英语应用水平的"专业+英语"的国际化复合型人才成为我国高等教育的新目标。专业英语教学对培养毕业生专业领域内的英语沟通及应用能力起着重要的作用。

ESP是 English for Specific Purposes 的简称，中文翻译为"专门用途英语"。这门学科起源于20世纪60年代，是建立在英语知识与专业需求基础上的应用型学科。在我国，当前很多院校兴起了高校英语ESP教学，因为其应用性极强，因此受到了各大高校的重视。

一、ESP的内涵

（一）ESP的定义

ESP教学法全称为"专门用途英语（English for Specific Purposes），"它是指适应某一特定专业而使用的英语语言及教学。ESP兴起于20世纪60年代，以功能主义语言观为基础。在20世纪60年代以后，西方陆续出现了关于

ESP理论的相关著作。[1]

韩礼德（1963）对ESP做出的定义为："English for civil servants; for policeman; for official of the law; for dispensers and nurses; for specialists in agriculture; for engineers and fitters."

哈钦森和沃特斯（1987）进一步丰富了ESP理论，将其划分为以学习学科知识为主要目的的学术英语（EAP）和以职业需求为主要目的的职业英语（EOP）。

斯蒂文斯（Strevens，1988）在此基础上进一步明确了ESP理论的四个主要特征：（1）课程设置必须满足学生的特定需求；（2）学习内容必须与特定学科专业和职业相关；（3）词汇、句法和语篇与特定专业、职业的语言运用相符合；（4）与普通英语完全不同。[2]

20世纪70年代，ESP在我国逐渐受到关注，杨惠中（1978）将科技英语与普通英语进行区分，提出了专门用途英语的概念。

张义斌（1985）将ESP理论与EST做出了对比，进一步明确了ESP理论运用的环境与条件。

20世纪90年代后，随着经济的对外开放与国际交流的需要，对于复合型人才的需求越发明显，ESP教学法成了英语教学中的热点话题。然而，受制于我国特殊英语教材及教学资料的缺乏，以及特殊英语教育教学人才的短缺，将ESP理论应用于高校英语教学实践任重而道远。

（二）ESP教学基本原理

ESP教学法旨在以学生的专业、职业、兴趣为导向，进行特定学科的英语教学。根据克拉申"情感过滤假说"，语言的学习受情感因素的影响较大。学生通常对于自己所选择的专业、职业具有较大的兴趣与较为深入的理解，

---

[1] 朱丽.高职高专ESP教学现状及其师资队伍的建设[J].济南职业学院学报，2012（06）：63-65.
[2] 马合云.ESP视角下医学英语任务型教学模式的探索和构建——以宁夏医科大学为例[J].疯狂英语（理论版），2018（04）：68-69.

在进行与本专业相关的二语学习时，对于语料、语境与教学素材均较为熟悉，能在一定程度上避免情感冲突。ESP教学法能够更好地将学生的专业学习与社会求职需求相联系，帮助学生在夯实专业基础的同时，具备本专业双语交际能力，克服EGP（English for general purpose，通用英语教学）所带来的"哑巴"英语现象。[①]ESP教学法主要实施阶段为大学阶段，本阶段学生经历过多年EGP教学，英语听说读写及语法基本素养已经养成，在此阶段的学生，通过ESP教学法，有针对性地进行与本专业相关的词汇、对话训练，并阅读大量与本专业相关的学术材料，语言综合能力将会得到提高，学生也能更好地适应就业市场，满足市场对复合型人才的要求。

二、高校英语ESP教学的现状

在我国，ESP教学法起步较晚，在实际教学中，存在着教师力量不稳定、教学资源匮乏等突出问题。根据韩平、朱万忠（2003）的相关调查，ESP教学对教师的语言基本功与专业知识要求较高，许多高校教师在ESP实际教学过程中，存在着机械翻译、照本宣科的现象，未形成较为系统的教学体系。[②]

一方面，长期以来，我国的英语教学以语法为中心，注重英语知识的讲解，在ESP教学过程中，与各专业实践的联系较弱。在实际工作与应用中，英语作为国际交流的工具，与各专业的实践联系较为密切，学生不仅仅需要在释义层面理解英语，更需要结合专业背景，灵活运用英语进行沟通，辅助完成本专业的基本工作。

另一方面，ESP教学的主要受众群体为大学生，该群体已经具备听、说、读、写、译等基本英语能力，但是在工作与实践中，除了掌握英语五大基本

---

① 康晓芸，甄艳华.教育生态学视域下ESP专门用途英语教学研究[J].黑龙江高教研究，2013，31（08）：179-180.

② 郝栓虎.应用型人才需求下的金融英语教学探讨[J].宿州教育学院学报，2013，16（02）：164-166.

能力外，还需要进行英语演讲演说、撰写学术报告、查阅原版文献、开展科研实践、主持国际会议等。目前，我国大学生英语教学依然存在以四六级考试为指挥棒，以语言基础知识教学为中心的现象，大学生英语应试能力较强等现象，在运用英语的过程中，存在专业英语词汇储备不足、口语表达不精准、专业性文本阅读障碍等问题，因而大学生将语言知识运用在专业领域的能力亟待提高。

三、高校英语ESP教学的创新与优化原则

（一）教学以需求分析为基础

高校英语ESP教学要建立在学习分析的基础上，主要有如下两点表现：

第一，在设定教学目标时需要进行需求分析，要从社会与学生的需求出发，使培养出的学生不仅具备学术素养，还具有职业素养。

第二，教学内容的选择需要进行需求分析，在明确了目标之后，就需要对教学内容进行选择，教师要从本校的实际出发，对教材进行选择，因为教学内容主要体现在教材上。教学内容的选取需要遵循需求分析原则，应该从社会与学生需求着眼，采用恰当的手段展开目标情景分析。

（二）实现英语教学与专业教学相融合

为了推进高校英语ESP教学，应该在课程上保证英语学习与专业学习的结合，从单一的语言教学转向多学科英语教学，从而真正将语言学习融入具体专业中。换句话说，就是促进师生的教学相长，通过彼此之间的互动实现知识的深度融合。这种互动是双向的，学生能够通过与教师的平等交往，对高校英语ESP教学的内容有清楚的了解，并获得与自身相关的英语专业技能。

（三）遵循主体性原则

虽然高校英语ESP教学受到多个因素的影响，但是以学生为主体这一原则并未改变。也就是说，在高校英语ESP教学中，应该凸显学生的主体地位，对学生的不同特征有清楚的了解，将学生的内在潜能挖掘出来，调动他们学习的兴趣。

高校英语ESP教学主要是培养学生的实际运用能力。学生在教学活动中始终占据主体地位，教师也是为学生服务的。在具体的高校英语ESP教学中，教学的设计、教学策略的应用等都需要从学生的主体性上考量，要能够将学生的主观能动性发挥出来，促进学生在知识、技能、情感等层面的发展。

（四）多元教学方法相整合

高校英语ESP教学具有多元性的特点，因此要实现英语教学与专业英语的结合，不仅要对传统的教学方法予以保留，还需要选取新的教学手段，真正做到教学方法的多样化。只有这样，才能将学生的兴趣和积极性激发出来。具体来说，主要从如下几点着眼：

首先，教学方法要具有针对性与多样性，丰富教学手段与形式，让学生多进行互动与反思。

其次，教师可以采用角色扮演、案例教学等具有特色的方法，引导学生参与到具体的实践之中。

最后，不同的学生，其学习需求与英语基础不同，因此教师可以采用个性教学或者分层教学。这就要求教师对学情有清楚的把握，然后对学生进行合理的分层，为他们制订合理的教学目标，展开合理的教学评价。

四、基于翻转课堂的高校英语ESP教学的策略

（一）课前的预习及准备阶段

制订教学目标和教学内容，明确教学的重点和难点。根据ESP和翻转课堂的特点，教师在制订教学计划时应将基础知识放在课前的学习阶段，而专业知识的运用则在课堂讨论阶段中体现。

1. 制作教学课前视频

教师应根据教学单元的要求，采用微课及微视频等形式，做成小视频，丰富教学内容。教学视频的内容应包括专业知识背景、专业英语词汇、语法知识、案例分析等。[①]为了促进学生的自主学习，教师在制作视频时还应设计提问等环节，让学生尝试、比较、反思，加深理解。学生课前完成基础知识的自主学习。学生可根据自己对知识的掌握进度，自行控制视频的播放进度，实现个性化的课前自学。在完成课前学习后，学生应带着问题去思考，这样学生的求知欲望会提高，能够积极地回答问题，可以在课堂上与教师形成互动，从而大大提高课堂效率。

2. 课前沟通讨论

课前学习内容和要求是通过QQ群、微信、腾讯会议或是钉钉等方式发布的。发布后，教师还可以在开课前一天及时掌握学生的信息，同时针对某些问题与学生进行初步的交流。

---

① 陈春燕，朱天菊.翻转课堂在专业英语中的探索[J].读与写（教育教学刊），2015，12（11）：8+14.

（二）课中的教学及互动阶段

1. 检查学生课前预习效果

教师应在开课前通过提问或是小测验的方式进行学生预习效果的检查。一方面通过这种问答的方式让教师掌握学生的学习程度，另一方面可以督促学生完成课前的学习工作。教师讲解课程的重点和难点，在通过提问的方式了解学生的原有知识状况和技巧后，对学生采取"导""联"的教学方法，用富有启发性的教学方式和教学语言多角度地启发学生，使之发生多方联想而有所感悟。此时，教师要根据教学难点的多样性、思维方式的多向性改变引导方法，以便加深学生对相关知识点的理解。同时，教师还需要考虑应用及专业知识的拓展，如ESP需要结合专业知识进行讲授。

2. 课堂讨论以便学生相互学习

根据教材内容的难点、重点、容易出错的地方，让学生探究并进行分组讨论。学生可以在"辩论"中增强自信，拓展教材内容。讨论结束后，上交书面讨论结果或是公开发表意见，这样不仅可以对已有的知识再现，还可以对新知识创新，以达到将学习内容应用到实践的目的。此外，教师要根据每组学生的共性问题进行解答，再巡回解答各小组的特定问题。在课堂接近尾声阶段，教师要及时了解学生对知识点的掌握程度，以便改变学生培养模式和优化课程体系。

（三）考核和评估

根据课程进度，对学生每章节进行考核，提高学生学习ESP词汇的效率。

参考文献

[1]蔡基刚.中国大学英语教学路在何方[M].上海：上海交通大学出版社，2012.

[2]陈玲.移动互联下的高效教学模式[M].北京：中国科学技术出版社，2020.

[3]陈细竹.网络时代英语自主学习与教学研究[M].北京：北京日报出版社，2019.

[4]陈阳芳.中国大学生英语口语自主学习动机培养研究[M].上海：上海交通大学出版社，2019.

[5]窦国宁.创客教育理念下的大学英语教学理论与实践[M].北京：企业管理出版社，2021.

[6]段忠玉，林静，吴德.翻转课堂模式中的英语案例教学研究[M].北京：中国书籍出版社，2016.

[7]冯智文.深化大学英语教学改革探索与研究[M].昆明：云南大学出版社，2013.

[8]付道明.数字化学习的优化设计与效果研究[M].厦门：厦门大学出版社，2016.

[9]黄雪梅.现代教育技术下的新型大学英语教学模式研究[M].长春：吉林出版集团股份有限公司，2018.

[10]蒋景东，金晶.高职学生英语学习阻碍机制应对策略"协同"研究[M].杭州：浙江大学出版社，2015.

[11]康莉.跨文化视角下的大学英语教学：困境与突破[M].北京：中国社会科学出版社，2014.

[12]柯清超.超越与变革：翻转课堂与项目学习[M].北京：高等教育出版

社，2016.

[13]李宪美.大学生外语学习焦虑研究[M].合肥：合肥工业大学出版社，2014.

[14]刘蕊.教育生态化视角下高校英语教学创新研究[M].长春：吉林出版集团股份有限公司，2021.

[15]栾岚.移动学习理论及其在大学英语教学中的应用研究[M].哈尔滨：哈尔滨工程大学出版社，2017.

[16]孟丽华，武书敬.网络环境下大学英语教师专业素质发展研究[M].北京：外语教学研究出版社，2015.

[17]莫英.信息化背景下大学英语教学改革与创新思维[M].成都：四川大学出版社，2018.

[18]任彦卿.基于移动学习系统的大学英语教学研究[M].长春：吉林人民出版社，2019.

[19]史利红.大学英语教学中学习拖延问题研究[M].北京：北京理工大学出版社，2019.

[20]苏一凡.多模态英语教学理论与实践[M].北京：中华工商联合出版社有限责任公司，2022.

[21]苏勇，孙世利，毕崇涛.数字化外语教学研究[M].北京：北京航空航天大学出版社，2009.

[22]谭丁.英语教学与就业能力培养[M].延吉：延边大学出版社，2022.

[23]童琳玲，祁春燕.演进与变革网络环境下的英语教学研究[M].北京：团结出版社，2017.

[24]王辉.基于移动互联网环境的大学英语词汇习得模式研究[M].成都：四川大学出版社，2019.

[25]王欣，孙珊珊.英语专业教育改革课程思政与价值引领[M].上海：上海外语教育出版社，2022.

[26]王志敏.外语学习动机激发策略的理论与实证研究[M].北京：光明日报出版社，2014.

[27]文旭，徐天虹.外语教育中的课程思政探索[M].重庆：西南师范大学出版社有限责任公司，2021.

[28]吴秉健.教师网络学习共同体与英语教学数字化融合创新[M].北京/西安：世界图书出版公司，2019.

[29]杨静.现代信息技术优化外语教学研究[M].西安：西北工业大学出版社，2019.

[30]杨涛.外语学习倦怠与动机关系研究[M].北京：科学出版社，2015.

[31]于永昌，刘宇，王冠乔.大数据时代的教育[M].北京：北京师范大学出版社，2015.

[32]俞婕，魏琳.数字化时代大学英语翻转课堂新探索[M].北京：冶金工业出版社，2022.

[33]俞丽芳.基于应用型外语人才培养的专门用途英语ESP教学探析[M].成都：电子科技大学出版社，2018.

[34]臧庆.英语教学与文化融合[M].北京：北京工业大学出版社，2020.

[35]战德臣等.OOC+SPOCs+翻转课堂：大学教育教学改革新模式[M].北京：高等教育出版社，2018.

[36]张春艳.终身学习时代背景下的英语移动学习[M].长春：东北师范大学出版社，2018.

[37]张福涛.翻转课堂理论研究与实践探索[M].济南：山东友谊出版社，2014.

[38]张娇媛.高校英语混合式教学与信息技术应用[M].天津：天津科学技术出版社，2019.

[39]张墨.信息时代背景下大学英语教学方法整合新探[M].长春：吉林出版集团股份有限公司，2021.

[40]张萍.基于翻转课堂的同伴教学法：原理·方法·实践[M].北京：人民邮电出版社，2017.

[41]张亚锋，刘思佳，万镭.专门用途（ESP）英语教学的探索研究[M].西安：西北工业大学出版社，2019.

[42]赵常花.媒体融合视角下的大学英语教学理论与实践研究[M].北京：企业管理出版社，2020.

[43]郑茗元，汪莹.网络环境与大学英语课程的整合化教学模式概论[M].北京：中国水利水电出版社，2015.

[44]钟玉芹.大学英语混合式教学探究[M].北京：电子工业出版社，2017.

[45]周文娟.大数据时代外语教育理念与方法的探索与发现[M].上海：上海交通大学出版社，2014.

[46]李姗.翻转课堂模式在大学英语口语教学中的应用研究[J].校园英语，2021（34）：14-15.

[47]王君，洪庆福，胡志红.大学英语"云班课+OT+翻转课堂"教学模式探索[J].哈尔滨职业技术学院学报，2021（02）：150-154.

[48]王丽娜."互联网+时代"翻转课堂在大学英语教学中的实践[J].新西部，2017（16）：142-143.

[49]王岩."互联网+"视域下的大学英语教学模式建构研究[J].黑龙江科学，2017，8（16）：96-97.

[50]吴若芳.大学英语教学在"互联网+时代"下翻转课堂的实践应用[J].校园英语，2017（32）：20.

[51]杨玲梅.以"互联网+"助推地方工科院校大学英语教学模式改革[J].安徽文学（下半月），2017（09）：132-133.

[52]张冰."互联网+"时代大学英语网络在线课程建设与应用研究[J].智库时代，2019（31）：6+8.

[53]张芳.翻转课堂模式在大学英语读写课中的应用[J].高等职业教育（天津职业大学学报），2016，25（01）：81-84.

[54]郑静.大学英语移动式翻转教学设计探究[J].河北广播电视大学学报，2020，25（01）：82-86.